MAURICE BARRÈS
DE L'ACADÉMIE FRANÇAISE
PRÉSIDENT DE LA LIGUE DES PATRIOTES

LES DIVERSES FAMILLES SPIRITUELLES DE LA FRANCE

PARIS
ÉMILE-PAUL FRÈRES, ÉDITEURS
100, RUE DU FAUBOURG-SAINT-HONORÉ, 100
PLACE BEAUVAU

1917

LES DIVERSES
FAMILLES SPIRITUELLES
DE LA FRANCE

OEUVRES DE MAURICE BARRÈS
Collection à 3 fr. 50 c.

LE CULTE DU MOI

* SOUS L'OEIL DES BARBARES. . . . . 1 vo..
** UN HOMME LIBRE . . . . —
*** LE JARDIN DE BÉRÉNICE . . . . —

LE ROMAN DE L'ÉNERGIE NATIONALE

* LES DÉRACINÉS . . . . 1 vol.
** L'APPEL AU SOLDAT . . . . —
*** LEURS FIGURES . . . . —

LES BASTIONS DE L'EST

* AU SERVICE DE L'ALLEMAGNE. . . . . 1 vol.
** COLETTE BAUDOCHE, histoire d'une jeune fille de Metz . . —

L'AME FRANÇAISE ET LA GUERRE

* L'UNION SACRÉE (2 août-31 octobre 1914) . . . . 1 vol.
** LES SAINTS DE LA FRANCE (1er novembre 1914-1er janvier 1915) —
*** LA CROIX DE GUERRE (2 janvier-11 mars 1915). . . . . . . —
**** L'AMITIÉ DES TRANCHÉES (11 mars-9 mai 1915). . . . . . —
***** LES VOYAGES DE LORRAINE ET D'ARTOIS (9 mai-20 juin 1915) —
****** POUR LES MUTILÉS . . . . —

L'ENNEMI DES LOIS . . . . 1 vol.
DU SANG, DE LA VOLUPTÉ ET DE LA MORT. . . . . —
AMORI ET DOLORI SACRUM (La Mort de Venise). . . . . . . —
LES AMITIÉS FRANÇAISES. . . . . —
SCÈNES ET DOCTRINES DU NATIONALISME. . . . . —
LE VOYAGE DE SPARTE. . . . . —
GRECO OU LE SECRET DE TOLÈDE . . . . —
LA COLLINE INSPIRÉE. . . . . —
HUIT JOURS CHEZ M. RENAN . . . . —
LA GRANDE PITIÉ DES ÉGLISES DE FRANCE . . . . —

LES TRAITS ÉTERNELS DE LA FRANCE. . . . . Prix 1 fr. 25
ADIEU A MORÉAS. Une brochure. . . . . Prix 1 fr. »
UN DISCOURS A METZ (15 août 1911). Une brochure . . . Prix 1 fr. »
DANS LE CLOAQUE. . . . . Prix 2 fr. »

MAURICE BARRÈS
DE L'ACADÉMIE FRANÇAISE
PRÉSIDENT DE LA LIGUE DES PATRIOTES

LES DIVERSES FAMILLES SPIRITUELLES DE LA FRANCE

PARIS
ÉMILE-PAUL FRÈRES, ÉDITEURS
100, RUE DU FAUBOURG-SAINT-HONORÉ, 100
PLACE BEAUVAU

1917

Justification du tirage

N° 873

LES DIVERSES FAMILLES SPIRITUELLES DE LA FRANCE

CHAPITRE PREMIER

NOS DIVERSITÉS DISPARAISSENT AU 4 AOUT 1914.....

On n'a jamais vu, dans aucune époque, une armée aussi frémissante d'intelligence et de rêve que la nôtre durant cette guerre. Toutes nos sagesses et toutes nos folies ont été mobilisées avec toute la nation. Il y avait de quoi faire sauter la discipline et les cadres. Eh bien ! tout a servi, le meilleur et ce que notre sagesse d'avant-guerre appelait le pire. Nous avons vu entrer en campagne, au profit du salut public, toutes les forces morales, qu'elles prissent naissance ici ou là, dans une religion, dans une philosophie ou dans une éducation ; tout se révéla excellent pour nourrir les âmes, et cette armée remplie de nos contradictions furieuses s'est montrée, face aux Allemands, unie et tout éblouissante de beauté spirituelle.

Comment ce miracle eut-il lieu? Comment naquit cette spiritualité guerrière? Vous vous souvenez que ce fut d'abord sous un grand coup d'enthousiasme.

Le génie de la France sommeillait sur un oreiller de vipères. Il semblait qu'il allât périr étouffé dans les nœuds dégoûtants de la guerre civile. Mais les cloches sonnent le tocsin, et voici que le dormeur se réveille dans un élan d'amour. Catholiques, protestants, israélites, socialistes, traditionalistes, soudain laissent tomber leurs griefs. Les couteaux de la haine, par enchantement, disparaissent. L'innombrable querelle sous le ciel livide fait silence. Chacun dit : « Je ne me mettrai pas, fût-ce par une pensée secrète, en travers de rien qui travaille au salut de la patrie. » Le prêtre songe de l'instituteur et l'instituteur du prêtre : « Puissé-je m'être trompé, chaque fois que j'ai douté de celui qui m'a méconnu. » Et tout Français qui voit le fils de son adversaire monter dans le train et prendre le chemin de la frontière, forme dans son cœur des vœux pour le jeune soldat et salue ses parents.

C'est un *sursum corda* ; c'est la levée des âmes. C'est bien plus, c'est dans chaque âme la mobilisation des forces secrètes.

Au fond des églises, les cierges flamboient ; des foules s'y pressent. Le temple protestant retentit des prêches ; la vieille synagogue, de ses chants de douleur. Et celui qui passe, sans y pénétrer, devant les sanctuaires, les bénit du moins de toute sa raison. Maisons de foi et de secours, puissiez-vous aider les soldats de la France !

Les socialistes s'assemblent, interrogent les faits et délibèrent. Ils reconnaissent que la justice est dans le camp des Alliés et

1.

décident unanimement de servir la France au nom de la République sociale.

Plus une parole de mépris, de méfiance ! Chacun dénombre avec une ardente sympathie les ressources de son adversaire de la veille. Que l'abbé Sertillanges et le pasteur Wagner préparent leurs discours ; que le père Vaillant rallume sa vieille flamme blanquiste ; qu'Albert de Mun nous donne jusqu'au bout son cœur : nous sommes en péril de mort. Tous les prophètes qui voudront durant la bataille élever leurs mains vers le ciel, nous sommes prêts à soutenir leurs bras.

Heures saintes de la Marne ! Nul ne voyait de salut que de tous ensemble. On s'aimait. Mais cette première union n'eût été qu'une surprise du cœur, impuissante à durer, si l'esprit de l'armée n'était venu continuellement déferler sur l'arrière, et guider, assainir, unir l'esprit des non-combattants.

Après la Marne, commence une guerre

morne, épaisse, privée de mouvement. Pour des semaines, des mois, des années, nos soldats, immobiles dans des trous, sont réduits au rang de terrassiers et de manœuvres douloureux. Ils eussent dû s'anéantir dans la boue et dans le pur machinisme, mais ils pensent. Ils lisent, causent, méditent, rêvent et surtout ils souffrent. « La bête la plus rapide pour nous mener à la perfection, dit l'un d'eux, c'est la douleur. » Jamais aucune armée n'a autant vécu par l'âme. Et leur âme, nos soldats nous l'envoient par des millions de lettres sublimes qui, depuis deux ans, fournissent à la France son pain spirituel.

Ne souhaitez-vous pas qu'un jour on les recherche dans toutes les familles, qui les amassent comme des trésors, et qu'on les étudie pieusement?

C'est le moyen de connaître la vie intérieure de chacun de nos soldats, le secret du ressort héroïque de la France.

Ces lettres innombrables, peut-être un

million chaque jour, tracées d'un crayon pâle sur des papiers mouillés, sont des flammes. Leur corps matériel n'existe guère. Souvent la syntaxe, l'orthographe, le vocabulaire n'en valent pas mieux que l'encre, le crayon, le papier, mais quelle émotion et quelle vérité ! Elles nous permettent de mesurer la chaleur, le bondissement ou la dépression des âmes.

Dès maintenant, j'ai tâché de les interroger.

Naturellement, il en est de faible résonance, de couleur indécise. Mais si l'on s'attache dans ce prodigieux pêle-mêle aux états d'esprit fortement accusés et si l'on s'applique à les classer par familles, quel document psychologique ! Combien de textes qui méritent de devenir classiques ! C'est la vie morale des Français à la guerre exposée dans sa prodigieuse richesse. Un ciel étincelant d'étoiles. Nous montons et descendons les degrés qui mènent de la froide résignation au désir du sacrifice.

Nos soldats acceptent tous les risques pour la France avec une douloureuse soumission ou parfois d'un élan qui peut aller jusqu'à l'enthousiasme. Nous allons voir comment les secoururent leurs diverses croyances, religieuses ou philosophiques.

Il ne s'agit pas que j'affirme que tout soldat soit admirable. Encore moins je prétends que parmi les meilleurs tous se rendent compte de leur inspiration propre et de la source qui nourrit leur dévouement. Mon plan est de m'attacher aux variétés excellentes et d'y mettre en lumière les figures typiques.

D'autres, plus tard, feront mieux. Pour la gloire du génie français, essayons un premier débrouillement.

CHAPITRE II

..... ET RÉAPPARAISSENT A L'ARMÉE

Chaque jour des soldats arrivent du dépôt dans la zone de mort. Beaucoup sont partis avec des chansons aux lèvres et des boutades drôles, quasi tous avec une chaleureuse irréflexion. A quoi bon prévoir? On verra! Et les voici derrière une motte de terre continuellement bouleversée, au milieu de compagnons chaque jour décimés, dans un horizon morne où leurs yeux fixés nuit et jour ne voient pas flotter un drapeau, pas même se dessiner la silhouette d'un ennemi. Rien que leur vie intérieure pour les soutenir dans cette interminable faction.

Ils s'obligent à la gaieté, à la blague, mais quand ils se retrouvent seuls? A part les grands moments où l'on peut s'oublier totalement, on est si souvent en présence de soi-même dans cette guerre! Chacun de ces hommes, au moins à certaines heures, se sent subordonné, misérable, minime, pauvre fétu jeté dans la fournaise, mais avec un tel frémissement! Ah! combien les cœurs sont vivants! Nos paysans soldats ont presque toujours la tête chez eux. Écoutez ce cri d'un jeune protestant, le sous-lieutenant André Cornet-Auquier, qui écrit à sa famille : « Cette nuit, je suis de service dans mes tranchées. Une nuit superbe, avec de la lune. Ah! qu'il y fera bon prier pour vous ». *(Lettres publiées par le pasteur A. Cornet-Auquier, à Chalon-sur-Saône, et non mises dans le commerce.)*

Quel état de vibration révèle une telle image! On voit que l'âme refuse de respirer cet air glacé, veut à tout prix sortir d'une solitude douloureuse, chercher une petite enceinte plus chaude, retrouver un foyer. Mais il est si loin, le foyer de la famille ! Le soldat trouvera plus près sa consolation. Il se créera des frères, et se réfugiera dans une petite âme collective plus forte que son âme individuelle.

L'armée est pleine d'amitiés, pleine de petits groupes de deux soldats, de quatre, ou davantage, qui ne se quittent jamais. Amitié de pays : il n'est pas rare, surtout dans les régiments de réserve, que douze, quinze hommes d'une compagnie soient du même village, et cela c'est l'amitié fondamentale. Amitié d'habitude, entre hommes qui se trouvent rapprochés par les épreuves communes, par la vie quotidienne; en tient-on suffisamment compte ? On les fait souffrir en les changeant de bataillon sans grande utilité; plus d'un, en disant au revoir à ses camarades, a les larmes aux yeux. Enfin, amitié d'attraction, à cause des idées communes.

On a peur de trahir nos soldats, de leur

faire du tort et de dénaturer leur figure en insistant sur la part d'angoisse qui peut se trouver dans les cœurs les plus braves. Pour donner une couleur vraie, il faut mêler aux teintes sombres l'or, l'argent, l'azur, la joie. Les jeunes gens surtout n'accepteraient pas que l'on tût cette fierté si belle qui gonfle leur âme. Un pasteur, M. Jospin, a bien noté leur regard d'ardente bonne volonté, ce trait lumineux, cette sorte d'allégresse que l'on voit dans leurs yeux la veille du départ. « Ces jeunes gens, dit-il, aiment la vie d'une façon extraordinaire et ils vont au sacrifice avec un naturel, une simplicité magnifique. Jamais je n'ai si bien vu le pont entre cette vie et la suite. » *(Lettre communiquée.)*

Eh bien! ces jeunes soldats aussi, dans leur allégresse, ont besoin d'amitié. Ils semblent avoir hâte de se dire les uns aux autres ce que la vie et la mort soulèvent en eux de réflexions. Les classes 15, 16, 17 sont de vraies fraternités où tous s'aiment et se subdivisent en groupements plus étroits.

Des amis ! Voilà le premier cri des jeunes et des vieux. Là-dessus, les lettres des tranchées sont pressantes et claires. Un jeune soldat a pu rencontrer un aumônier, et puis d'autres soldats, qui appartiennent comme lui à l'*Association de la Jeunesse catholique française* (1); il s'en réjouit : « C'est si bon de vivre un peu la vie de l'A. J. C. F. quand on est loin de corps, mais non pas de cœur. J'attends le *Bulletin* avec beaucoup d'impatience. Songez à ce qu'il est pour nous dans notre solitude presque complète. » *(Bulletin de l'A. J. C. F.)*

Le jeune Gustave Escande, protestant, écrit dans son journal : « Hier, j'ai découvert un protestant dans l'autre équipe de ma section. Très gentil et sérieux ; lié amitié avec lui, me sens moins isolé. » *(A la Caserne et sur le Front*, librairie de *Foi et Vie.)*

Un instituteur, adjudant, écrit des bords

1) Voir les notes à la fin du volume.

de la Marne : « J'ai trouvé avec grand plaisir quelques collègues de Seine-et-Oise, dont un sergent, dans la section que je commande. Il me semble que je suis moins seul... ». *(Manuel général de l'Instruction primaire.)*

De l'Argonne, Roger Cahen, jeune israélite, libre penseur, écrit : « Le manque de sommeil auquel je suis dès à présent habitué, la mauvaise nourriture qui gâte mon estomac dont j'étais si fier, tout cela n'a rien de dur en comparaison du manque de conversation. Je n'ai personne avec qui je puisse échanger une idée générale, ou même quelque impression désintéressée. Je suis donc privé de la plus grande joie de la vie. » *(Roger Cahen. A l'Union pour la Vérité, 21, rue Visconti.)*

La camaraderie se forme beaucoup autour des croyances. Des entretiens sans cesse interrompus et recommencés, plus mélancoliques chez les hommes d'un certain âge, joyeux jusqu'à la gaminerie dans les jeunes classes et chez les petits officiers, remplissent les jours et les nuits. Rien d'un être ne peut demeurer caché dans une telle vie pleine d'épreuves décisives. Ceux qui se ressemblent d'idées et d'esprit se retrouvent. Les affinités religieuses prennent une force exceptionnelle. Quel apaisement et quel réconfort de se trouver plusieurs qui sentent pareillement et de pouvoir se suspendre tous ensemble à quelque idée supérieure!

« L'origine de notre petit noyau. raconte un soldat de Champagne, date du 24 septembre 1915, jour mémorable à tous les points de vue. Toute la journée, nous étions restés inactifs au cantonnement du bivouac, dans les bois. Les bruits les plus contradictoires circulaient. Le soir seulement, devant chaque bataillon réuni en carré, le colonel vint lire l'ardente proclamation du général Joffre... Nous savions à quoi nous en tenir. Le régiment marchait à l'attaque le lendemain et devait être troisième vague. A la nuit, tandis qu'on échangeait des adresses de famille par petits groupes, que des poilus, sous la tente, chantaient la *Marseillaise*, que d'autres reposaient, j'allai un peu rêver au clair de lune. Un sergent passe; il a le cafard et s'arrête pour essayer de le dissiper. Un autre vient s'asseoir auprès de nous. On parle du lendemain, de l'attaque, de la vie, de la mort, du bon Dieu, et l'on se sépare après avoir fait ensemble la prière du soir. » *(Bulletin de l'Association de la jeunesse catholique française.)*

Ainsi, dans l'immense masse, des familles spirituelles se rejoignent. Nos soldats ont le cœur plein de sentiments qui font leur force et qu'ils veulent revivifier auprès de cœurs amis. Beaucoup vont, de leur solitude, rejoindre un cortège et, n'eussent-ils pas de religion dogmatique, ils cherchent des coreligionnaires. Catholiques, protestants, israélites, libres penseurs, syndicalistes, internationalistes, traditionalistes se retrouvent...

Eh! quoi, les mêmes forces qui, hier, nous précipitaient les uns contre les autres et que la mobilisation a rompues, voudraient se reconstituer?

Sans doute. Mais, cette fois, ce n'est plus pour aucune œuvre de division, ni d'exclusion, et sur cette diversité (dont nous allons, une à une, examiner les nuances principales), se fonde l'amitié la plus belle et la plus agissante.

CHAPITRE III

LES CATHOLIQUES

Il y a vingt-cinq mille prêtres environ dans l'armée. Trois cents d'entre eux sont aumôniers en titre, aumôniers militaires à trois galons.

Trois cents, ce serait peu, mais tout colonel a le droit d'autoriser dans chacun de ses bataillons un soldat prêtre pour le service religieux. Cet aumônier de renfort ne porte pas la soutane et ne jouit d'aucune prérogative spéciale; il doit en principe remplir les obligations de sa situation militaire, et pourtant il accomplit son ministère plus aisément que l'aumônier à trois galons. Celui-ci, ayant son siège au groupe des brancardiers divisionnaires, ne peut joindre qu'avec peine des hommes trop nombreux disséminés sur un réseau trop étendu, mais lui, qui est attaché au groupe des brancardiers du bataillon, il circule dans les tranchées et vit familièrement avec ses frères d'armes.

Le surplus des prêtres mobilisés est officier ou simple soldat. Heureux s'ils peuvent dire leur messe (et c'est rare), saisissant l'occasion d'assister un malade, un blessé, mais n'ayant pour ce faire ni titre, ni facilités.

Tels quels, vingt-cinq mille prêtres sont un puissant levain d'idées dans une atmosphère si propre à la fermentation religieuse.

Un jeune soldat, Roland Engerand, écrit à ses parents : « Hier soir, l'aumônier de la division est venu manger avec nous dans une cave. Un prêtre admirable, adoré des hommes, qui viennent tous lui serrer la main. Il revenait du plus fort de l'action, car il ne peut pas souffrir de rester loin des combattants. Il m'a demandé des tuyaux sur les hommes que j'avais amenés et qu'il ne connaissait pas encore. Et il m'a dit : « Je vais venir avec vous dans votre tranchée. » Il m'a pris le bras et nous sommes descendus.

» Tout le long de la tranchée, il s'est promené avec moi dans la nuit. Les hommes piochaient : « Donne-moi ta pioche, toi. Je veux pouvoir dire plus tard que j'ai travaillé à creuser une tranchée. » Et il piochait. Il s'arrêtait plus loin ; ils le connaissaient tous, et il avait un mot pour chacun d'eux. Quand il est arrivé à chacun de mes gosses, il leur prenait la tête entre ses mains : « D'où viens-tu, mon petit ? Écoute. » Il s'agenouillait devant lui, lui entourait le cou de ses bras ; leurs deux têtes s'appuyaient l'une à l'autre, et, pendant quelques minutes, on n'entendait plus rien que le chuchotement des lèvres... Puis, après l'avoir entendu, il lui parlait, le fortifiait, l'enthousiasmait, et, quand c'était fini et que le petit était encore mieux qu'avant disposé à tous les sacrifices, il l'embrassait ». *(Lettre communiquée.)*

Que leur a-t-il chuchoté tout à l'heure à l'oreille ? Il leur parlait de leur pays, de leur village ; il se mettait à leur service pour de menus avis. Cela va bien, mais ce serait trop peu. Le prêtre est un ami, mais un ami qui hausse les âmes, qui apporte aux soldats les promesses et les secours de la religion. « Après tout, si tu meurs, tu ne perdras qu'une vie matérielle précaire pour trouver une vie de meilleure qualité. » Voilà le soldat plus tranquille. S'il vient à mourir, il ne cessera pas d'exister. Mais cette survie ne sera heureuse que s'il devient un homme de devoir, que s'il dompte l'instinct le plus fort qu'il y ait chez nous tous, l'égoïsme. Le prêtre a pour mission de donner l'apaisement et d'élever celui qui l'écoute jusqu'à l'acceptation du sacrifice.

Quel rôle ! Dans l'abstrait, le prêtre est

vainqueur. Rien ne peut lui résister ; il a une doctrine éprouvée, puissante, et des sacrements divins. Mais ici, le voilà devant des êtres vivants, dans des circonstances terribles. Le sacrifice, c'est une véritable création pour chacun à faire en soi-même, avec toutes les douleurs d'une création. Les difficultés, les révoltes apparaissent jusque dans la vie des saints. Comment cet aumônier va-t-il, au jour le jour, agir, mettre en œuvre ses trésors ?

Beaucoup de mes lecteurs ont vu des messes en plein air à l'armée ; tous, du moins, en ont lu de nombreuses descriptions.

Le plus souvent, c'est dans l'un de ces innombrables petits bois, à demi détruits par la mitraille, bois d'essences variées ou pinèdes sombres, qui sont semés sur la ligne du front, depuis la mer jusqu'à Belfort. Une planche sur deux caisses de munitions forme l'autel, dissimulé de branchages et décoré d'une grande croix de bois ; les cires brûlent dans deux lanternes d'écurie ; les assistants regardent, écoutent, chantent, prient, masqués aux avions par ce qui subsiste du taillis.

Dans ce cadre peuvent se placer mille variantes de détails, mais toujours, ce qui domine tout, c'est la pensée de la mort. Elle est dans le ciel, dans les cœurs, et crée une émotion de fraternité. La grande prière se déroule et s'élève. Un groupe de soldats vient s'agenouiller au bord du talus ; le prêtre les communie. « Ceux qui sont agenouillés ici, qu'ils succombent à leur devoir, ils se retrouveront au ciel... » Ainsi parle l'Église, et qui pourrait demeurer insensible à ces grandes promesses qu'ont accueillies nos parents, et qui nous relient à leurs tombes ?

Toutefois, aux tranchées, les messes sont rares. L'aumônier se fait scrupule de rassembler dangereusement les hommes, et de créer une obligation de conscience à des enfants qu'il priverait de leurs heures de repos.

Il s'en tient le plus souvent à l'apostolat de la parole, au réconfort d'homme à homme, ou bien à la communion portée individuellement.

Le prêtre soldat, s'appuyant sur l'inséparable gourdin des poilus de l'Argonne, porte les hosties sous la capote bleu horizon, et va les donner aux fidèles dans une guitoune abandonnée. (Cf. *Lettre de H. R., membre de l'Association catholique de la jeunesse française. Dans le bulletin de l'A. C. J. F.*) Nul n'a remarqué cette visite quasi muette, sans bruit, insignifiante, mais elle ouvre à l'imagination de ces communiants le chemin de leur village et le chemin du ciel. Au soir, comme Jacob, qui dispose une pierre pour son oreiller, et dans son sommeil, voit le monde invisible, ils se sentiront assistés, et, près de s'endormir dans la boue des tranchées, ils remercieront avec effusion une présence divine.

Au cantonnement, les cérémonies du culte se développent plus à l'aise dans leur variété, messes, saluts, sermons; tout cela bien beau, secourable aux croyants, à tous les gens d'imagination. Mais je vais à l'âme du pauvre homme moyen. C'est elle, la réalité vivante, qu'il s'agit de toucher et de fortifier. Qu'a-t-elle goûté là? Quelle consolation? Beaucoup de soldats, même bons catholiques, possèdent-ils l'instruction suffisante pour participer pleinement au sacrifice d'un Dieu sur l'autel? Une messe où il n'y aurait pas le sermon et le grand chant d'ensemble qui élève, entraîne, émeut, serait d'un faible profit. Pour la masse des soldats, elle vaut surtout pour les rattacher à ce qu'ils faisaient autrefois. Elle rend ce dimanche de guerre à peu près semblable aux dimanches du pays. Dans les minutes de silence, regardez-les : ils sont bien loin de cette église lorraine, champenoise; ils sont dans l'église de chez eux. C'est dans l'église de leur village qu'en esprit ils assistent à la messe avec leur femme.

Chaque soir, au cantonnement, me dit

un prêtre de bataillon, je prêche un quart d'heure, en remuant des idées fondamentales, toujours les mêmes. La grande difficulté est de rester humain, d'échapper aux formules pour entrer dans ces cœurs. Qu'est-ce qui leur est immédiatement accessible? Tout ce qui donne réponse aux questions qu'ils retournent éternellement dans la boue des tranchées et la solitude du front. Il faut rester avec eux, tout près d'eux. Il faut que les paroles répondent à un besoin. Ils ont horreur de ce qui sent le mot et la formule. Je leur parle de Jésus-Christ, parce que c'est une personne. Ce sont toujours des êtres qu'ils cherchent. Pour mes paysans vendéens, Dieu, Jésus-Christ, l'Église, l'âme immortelle sont des réalités sensibles. Et quand je les sens plus inquiets, quand on a l'air d'annoncer ceci et cela, ce qui les remonte, c'est l'espérance des chrétiens. Ils retrouveront leurs familles, dans leurs villages, après la paix, ou, s'ils tombent, dans le ciel. L'immortalité, conviction tranquille et lumineuse, les rend à peu près capables du sacrifice exigé.

Souvent, des protestants, des libres penseurs, ayant assisté à de tels entretiens, disent au prêtre le profit qu'eux-mêmes en retirent. Un officier, voyant l'auditoire, les chants, le réconfort, s'écriait : « Quelle superbe manœuvre morale ! », et parfois il arrive qu'un grand chef demande aux aumôniers de parler aux hommes à la veille d'une action. (Cf., *dans la « Revue des Jeunes », le récit de l'abbé Thellier de Poncheville sur la préparation des affaires de Champagne en septembre 1915.*)

Ces interventions, très puissantes sur les troupes recrutées dans les régions de foi vive, ne produisent pourtant leur effet qu'autant que l'orateur, son sermon terminé, s'associe aux risques qu'il a prêché de mépriser. Et il s'associe. Écoutez !

Auffray, aumônier bénévole au ..ᵉ corps colonial : « Venu du Brésil pour réclamer, malgré son grand âge, sa part des dangers de la guerre, s'est fait tuer glorieusement dans les tranchées allemandes, où il avait accompagné les troupes d'assaut. » (*Journal Officiel*, 9 février 1916.)

Barlet (religieux lazariste), caporal-brancardier au 4ᵉ régiment de zouaves : « Au moment où une section s'élançait hors de la tranchée, pour se porter à l'attaque d'une position allemande, s'est précipité pour secourir un lieutenant blessé, puis, encourageant de la voix et du geste les hommes privés de leur chef, les a entraînés jusqu'à la tranchée allemande où il est tombé frappé de quatre blessures. » (*J. O.*, 31 janvier 1915.)

Albert Fournier, aumônier volontaire d'un groupe de brancardiers : « Mort glorieusement le 10 juin 1915, alors que, dans les tranchées il remplissait les devoirs de son ministère et enflammait le courage des soldats de la division qui se disposaient à s'élancer à l'assaut des retranchements ennemis. » (*J. O.*, 19 août 1915.)

Le Rohellec, aumônier au 62ᵉ régiment d'infanterie : « Pendant toute la préparation, longue et difficile de l'attaque du 25 septembre 1915, a été l'auxiliaire le plus précieux du commandement en exaltant le moral et le patriotisme de la troupe. Au cours des attaques, a prodigué sans compter ses soins aux blessés, se portant, sous la mitraille et sans souci du danger, jusqu'aux points les plus avancés... » (*J. O.*, 18 décembre 1915.)

L'abbé Salini (F.), soldat au 273ᵉ régiment d'infanterie : « Très brave, deux fois blessé, déjà titulaire de la Croix de guerre (deux palmes). Au cours d'une attaque, a entraîné ses camarades en entonnant la *Marseillaise* et n'a pas hésité à se porter en avant pour occuper un petit poste qui consolida pour nous une position des plus avantageuses. » (*J. O.*, 19 septembre 1916.)

L'abbé Rémy (Louis), au 146ᵉ régiment d'infanterie : « Brancardier remplissant les fonctions d'aumônier du régiment : vivant exemple de courage et de dévouement, secondant le commandement par son inlassable activité ; s'est fait remarquer par son mépris absolu du danger au cours des combats du 9 au 23 mai 1915. Au moment des attaques des 16 et 17 juin 1915 est monté sur le parapet pour exciter la troupe au combat, puis son chef de corps ayant été privé de toute communication téléphonique a assuré lui-même le service des liaisons sous un feu très violent. S'est porté ensuite au secours des blessés malgré une fusillade des plus vives. » (*J. O.*, 24 juillet 1915.) Médaille militaire. Sur le même, il est encore dit, pour sa nomination à la Légion d'honneur : « D'une bravoure, d'un entrain et d'un dévouement exceptionnels. Déjà médaillé militaire et cité à l'ordre pour sa superbe attitude sur les champs de bataille. S'est à nouveau distingué, le 1ᵉʳ juillet 1916, en partant en tête de la première vague d'assaut sans armes, encourageant les hommes de la voix et du geste. » *(J. O.,* 13 septembre 1916.) M. l'abbé Rémy est un Lorrain des Vosges, professeur au petit séminaire de Mattaincourt.

Un Lorrain encore, et vicaire à Mirecourt, l'abbé Grosjean, brancardier détaché comme aumônier au 156ᵉ régiment d'infanterie : « A insisté auprès du chef de corps pour être autorisé à accompagner les troupes d'assaut à la bataille du 9 mai 1915. S'est montré constamment les 9 et 10 mai aux endroits les plus dangereux, exhortant les uns, encourageant les autres, pansant les blessés, les faisant ramasser rapidement, en un mot, étant un exemple constant de courage, de bonne humeur et de charité. » *(J. O.,* 2 août 1915.)

Le père Deléglise (Jean-Marie), des Pères Oblats de Marie Immaculée, aumônier volontaire au 13ᵉ bataillon de chasseurs alpins : « D'un dévouement absolu, exerçant ses fonctions avec un tact et une intelligence au-dessus de tout éloge, apprenant à ses hommes le plus profond mépris de la mort, et montrant la même indifférence complète du danger ; à l'assaut du 14 juin 1915 a suivi la colonne, donnant à tous le meilleur réconfort ; frappé à son tour, en portant un blessé sur ses épaules, s'est relevé pour continuer sa marche avec son glorieux fardeau ; a été tué presque aussitôt d'une balle en plein front. » *(J. O.,* 5 septembre 1915.)

Sainte-Marie, aumônier d'un groupe de brancardiers d'un corps d'armée (329ᵉ régiment d'infanterie) : « A volontairement accompagné un régiment en première ligne, au cours des attaques du 4 au 15 juillet 1916. Toujours au poste le plus avancé et le plus périlleux. De jour et de nuit, n'a cessé d'assister les blessés et d'exalter l'enthousiasme des combattants par sa parole et son attitude. Très grièvement blessé, a donné à tous le plus bel exemple d'héroïsme et d'abnégation. » Légion d'honneur. *(J. O.*, 18 septembre 1916.)

Le Père jésuite Pupey-Girard, aumônier titulaire, près du groupe des brancardiers de la ..ᵉ division d'infanterie : « Modèle de dévouement et de courage ; s'est particulièrement fait remarquer à X... et à Y... où il a accompagné tous les assauts, prodiguant ses soins aux blessés qui venaient de tomber sans aucun souci du danger et malgré le feu violent de l'artillerie ennemie. » *(J. O.*, 9 février 1916.)

Voiron (Pierre), aumônier militaire, groupe brancardier divisionnaire : « Sur le front depuis le début de la campagne; n'a cessé, comme brancardier puis comme aumônier, d'accompagner les régiments de première ligne dans les situations les plus périlleuses. Animé au plus haut degré de l'esprit de sacrifice, il sait le communiquer aux troupes dont il exalte les forces morales. Au cours des opérations, au nord de X..., il s'est particulièrement distingué par sa présence quotidienne au milieu des colonnes d'attaque, sous le bombardement le plus violent, et donnant à tous l'encouragement de son exemple. » (10 juin 1916; *J. O.*, 5 juillet 1916.)

Roullet, aumônier militaire d'une division d'infanterie : « Modèle de modestie et de bravoure. A l'attaque du 29 mars 1916 est parti avec la première vague d'assaut et a pénétré en même temps qu'elle dans la position ennemie. N'a cessé de circuler en première ligne les 29 et 30 mars, réconfortant les blessés et mourants, et donnant le plus bel encouragement, ainsi que l'exemple du mépris absolu du danger. » (13 avril 1916; *J. O.*, 22 mai 1916.) — L'aumônier Roullet est le R. P. Roullet de la Compagnie de Jésus.

Le Père Brottier (Daniel-Jules-Alexis), des Pères du Saint-Esprit, aumônier volontaire d'une division d'infanterie : « Depuis le début de la campagne, n'a cessé de prodiguer ses soins aux blessés avec un courage et une abnégation au-dessus de tout éloge. Pendant les combats de mars 1916 est resté au premier rang avec les troupes engagées, dans les circonstances les plus difficiles, recueillant les blessés sous un feu meurtrier, les soignant et les encourageant. A apporté à tous le meilleur réconfort moral par sa belle attitude, par son sang-froid et par son admirable dévouement. » *(J. O.*, 3 juin 1916.) — Légion d'honneur.

Le Père jésuite Jean Brémond (Jean-Marie-Luc), aumônier volontaire de la ..ᵉ division : « Après avoir accompagné les soldats en première ligne pendant toute la durée du combat, est resté dans un village violemment bombardé pour secourir et encourager plus de cent blessés dont il a assuré et dirigé l'évacuation, ne quittant le village qu'après le dernier convoi. » (J. O., 21 mai 1916.)

Le Queau (Jean), caporal brancardier au 62ᵉ régiment d'infanterie : « D'un dévouement à toute épreuve. Au mépris de la mort, a transporté plus de douze cents blessés de divers régiments depuis le début de la campagne, tous identifiés par lui. Dans l'assaut du 25 septembre 1915, n'a cessé d'encourager ses camarades, les aidant à franchir les parallèles de départ. Blessé, ce jour-là même, de balles au bras et à la jambe en donnant ses soins aux blessés. » Médaille militaire. (J. O., 14 novembre 1915.)

Le Gall (François), aumônier volontaire au 118ᵉ régiment d'infanterie : « Quoique réformé et de santé délicate, est parti comme aumônier volontaire à la mobilisation ; a été, dès le début, pour tous, le modèle incarné du dévouement et de l'abnégation. Est monté à l'assaut le 25 septembre 1915 au matin, en tête du régiment. Depuis ce jour, a passé ses nuits et ses jours à ramener les blessés et à secourir mourants. Toujours en première ligne, sans aucun souci du danger, a donné le plus bel exemple de magnifique intrépidité et de charité envers ses semblables. Aumônier de la plus haute valeur morale qui a, par son influence personnelle due à ses vertus, rendu les plus grands services. A été blessé le 12 octobre 1915, en allant dans les tranchées de première ligne, identifier les morts et procéder à leur inhumation, sa division étant au repos. » Légion d'honneur. *(J. O.,* 17 novembre 1915.)

Le Douarec (François-Charles-Marie-Joseph), aumônier auxiliaire au 248ᵉ régiment d'infanterie : « N'a cessé depuis le début de la campagne de faire preuve d'un dévouement et d'un courage remarquables ; le 30 juin 1916, accompagnait un bataillon qui se portait à l'attaque sous un bombardement des plus violents, légèrement blessé, est venu se faire panser au poste de secours et est reparti immédiatement à l'endroit où le bombardement était le plus intense, faisant l'admiration de tous les officiers des corps voisins. A reçu deux autres blessures. Déjà cité à l'ordre de l'armée. » *(J. O.,* 29 août 1916.)

Gauthier (Yves), aumônier militaire au 115ᵉ régiment d'infanterie : « Aumônier volontaire d'un allant et d'un courage au-dessus de tout éloge. Constamment en première ligne, se rit du danger et, par sa présence, communique à tous un réconfort des plus précieux. Déjà cité à l'ordre. Blessé le

2 octobre 1914. » Légion d'honneur. *(J. O., 24 novembre 1915.)*

L'abbé Batard (Jean-Marie), sergent au 65ᵉ d'infanterie : « A été maintenu sur sa demande, alors qu'il devait être brancardier. A demandé son inscription au groupe d'éclaireurs et a toujours recherché les missions dangereuses. Modèle de courage, d'énergie, et d'un exemple communicatif sur tous ceux qui l'approchent. En particulier, les 2 et 3 janvier 1915, sous un feu intense, a donné à tous le réconfort de sa bravoure et de son exemple, se portant toujours aux points les plus menacés, pour encourager les combattants et secourir les blessés. Sergent respecté et admiré de tout le régiment pour sa bravoure et son esprit complet de sacrifice. » *(J. O., 7 février 1915.)* — Médaille militaire.

Il faut bien que je m'arrête ; rien que pour le mois de septembre 1915 (affaires de Champagne), j'ai dans les mains cent cinquante-six dossiers individuels de prêtres et de religieux morts au champ d'honneur ; pour les batailles de 1916 à Verdun, deux cent six dossiers d'ecclésiastiques glorieusement morts ; et j'ai à ma disposition (au début de 1917) les textes officiels de trois mille sept cent cinquante-quatre citations de membres du clergé et des congrégations, parmi lesquels plusieurs ont jusqu'à six ou sept étoiles ou palmes. Même en me bornant, comme je viens de faire, aux citations pour croix de guerre avec palme, pour médaille militaire et pour légion d'honneur, ces preuves rempliraient un volume...

Ces textes officiels, d'ailleurs, sont immobiles comme des pierres tombales, et c'est dans leur passion et leur frémissement que nous voudrions saisir ces prêtres animateurs.

Le jeune Roland Engerand me raconte :

« Nous nous étions arrêtés un jour dans le village de Mareuil avant de relever le 20ᵉ corps dans les tranchées de Neuville-Saint-Vaast. Un matin, après avoir visité l'église blessée par un obus, j'étais allé au cimetière. J'y éprouvais une sensation de gêne, car de très gros obus éclataient assez près, quand devant une tombe toute fraîche, j'aperçus un prêtre, sale, en bonnet de police, avec un écusson 79 sur ce bonnet, à la figure jeune et énergique, étonnamment énergique, qui priait à genoux, en pleurant. Je me dirigeai vers lui, à travers des rangées de tombes d'officiers du 20⁰ corps, une centaine environ, aux croix de bois toutes neuves, et comme je partais à l'attaque, je lui demandai de me confesser, Alors il se leva et me dit : « Cela, c'est la tombe de mon commandant. Ils ont été admirables ! Quel exemple ! » Et me prenant par le bras, il m'emmena après avoir ajouté : « J'ai tenu, avant que le régiment ne parte au repos, à venir leur dire « au revoir », au nom de leurs gosses ». Il pleurait tout en gardant sur le visage une expression d'énergie étonnante... Et, après m'avoir confessé, il me parla longtemps, longtemps. Ses yeux brillaient de fièvre en racontant ce que le 20ᵉ corps avait fait. Et sa voix avait un son étrange, un son si douloureux et si fier : « Ah ! quels admirables soldats que les nôtres! disait-il, quelle beauté! quel mépris de la mort! comme le bon Dieu a dû bien les accueillir! Si vous les aviez vus le 9 mai partir à l'attaque! Qu'ils étaient beaux! On m'avait mis au poste de secours, là-bas... Je ne voyais rien, je n'ai pu y rester, et quand j'ai vu mes enfants (le 79ᵉ) s'élancer si superbement et puis être fauchés, j'ai couru aux artilleurs... Je leur criais : « Mais plus vite, tirez donc plus vite ; vous ne voyez donc pas que ce sont mes gosses qui se font tuer! ».

» Toute une heure ce prêtre fiévreux m'a raconté de bien belles histoires. Des histoires de blessés surtout : il insistait sur le mépris devant la mort des jeunes de vingt ans. Il me disait le mot de l'un deux après l'opération : « Gardez mon bout de bras en souvenir de moi, monsieur le major, quoique ce soit vraiment à la France et non à vous que je l'ai donné! » Il insistait sur l'exaltation des blessés de ces journées rayonnantes, qui arrivaient au poste de secours avec de très laides blessures et après des assauts furieux, et qui, tout secoués d'enthousiasme, ne savaient que dire au major : « Les Boches sont percés ; ils sont chassés de France. Nous les avons vaincus, que c'est beau ! » Et ils daignaient alors parler de leurs plaies.

» Et ce prêtre finissait toujours ses histoires par cette phrase fièrement et tristement jetée : « Nous avons fait notre devoir. Vous qui arrivez, faites comme le 20e corps. Et dites-vous bien que les morts au champ d'honneur vont tout droit au ciel. »

Quel élargissement de l'être ! Il y a chez cet aumônier quelque chose de plus que la compassion, la gratitude et les transports d'un patriote et d'un cœur généreux devant des êtres admirables. Il voit ses soldats comme des victimes innocentes et volontaires qui rachètent de leur sang les fautes de l'humanité. Comment s'étonner qu'une telle atmosphère de sacrifice produise en abondance les fleurs les plus rares de la haute spiritualité. On touche au moment où la religion elle-même se dépasse en se réalisant d'une manière parfaite. « Personne n'a plus d'amour que celui qui donne sa vie. » C'est là que le christianisme veut nous amener. Quand des soldats se sont offerts et meurent pour la France, le prêtre les reconnaît pour ses modèles et reçoit d'eux avec prodigalité l'enseignement qu'il leur donnait la veille. « Leur mort leur a valu la sainteté suprême. C'est un dossier de canonisation que le recueil de leurs lettres », dit un aumônier. Un autre écrit : « J'ai été témoin d'actes grandioses de préparation à la mort, de sacrifices consentis et formulés à l'avance. Je garde dans mon cœur des secrets qui illumineront toute mon existence sacerdotale. Si je dois tomber à mon tour, je remercierai Dieu de m'avoir laissé de la terre une aussi réconfortante vision. »

La conduite héroïque des soldats contribue à exalter la foi des prêtres qui les voient agir. Devant un *Ecce Homo*, le parfait chrétien se dit : « Voilà ce que le Christ a fait pour moi, et moi qu'ai-je fait pour lui ? » Et la même interrogation lui transperce le cœur devant de tels soldats. Un caporal-prêtre, malgré deux blessures successives a pris le commandement de deux sections privées de leurs officiers : on s'étonne autour de lui : « Vous, si doux ! » « Bah ! dit-il, c'est l'histoire de tous les moutons enragés. » Non, c'est une autre histoire. La vraie réponse à l'étonnement qu'inspirent ces prêtres guerriers, c'est l'abbé Paul Bouyer qui la donne en révélant son angoisse. Adjudant au 69e d'infanterie, il a obtenu une superbe citation à l'ordre de l'armée, la croix de guerre, la médaille militaire et la médaille anglaise. « Prie Dieu, écrit-il à un ami, pour que je porte allègrement la croix qui donne droit à la vraie récompense, la croix de souffrances, celle du Christ. »

Telle est leur sublime ambition secrète. Des dunes du Nord aux Vosges, partout, leur imagination dresse les deux montagnes saintes, celle des Oliviers, qui est la montagne de la résignation où l'on dit : « Non ma volonté, mais la vôtre », et celle du Calvaire, qui est la montagne du sacrifice, où l'on dit : « Je remets mon esprit entre vos mains. » Pour les chrétiens, chaque jour de nos tranchées renouvelle la passion du Christ.

L'abbé Gaston Millon, capitaine au 90ᵉ régiment d'infanterie, au milieu des soins du service au Mort-Homme, durant la semaine sainte de 1916, s'associe étroitement aux sept derniers jours de son Dieu.

Mardi saint 1916. — Je médite cette parole de Joffre : « Notre victoire sera le fruit de sacrifices individuels. » Le sacrifice reste la grande loi. Jésus nous a donné l'exemple. L'Église vit des mérites de son Maître et de ses disciples, mérites qu'ils ont gagnés par leurs sacrifices. Sacrifice jusqu'à la mort.

Jeudi saint. — *La canonnade devient violente. Peu importe. J' me confie entre les mains de Jésus, prêtre souverain et Hostie. Pendant cette relève, je songerai à la Cène et à cette nuit affreuse du Jardin des Oliviers... Si vous voulez mon sang, ô mon Dieu, je vous l'offre en union au sang de mon divin Sauveur.*

Vendredi saint. — *La nuit vient de clore la période des combats... A partir de onze heures, le gros calibre commence. Le Mort-Homme, à notre droite, disparaît dans la fumée. Vendredi saint, journée rédemptrice du genre humain, comme nous savons bien passer cette journée! Nous avons voulu vous oublier, ô Jésus, et vous avez mis de force la mort devant nos yeux. Regarde et choisis! Je mets ton sort éternel entre les mains : suis-moi au Calvaire.*

Samedi saint. — *Jésus au tombeau, mort! Moi, dans mon abri tombeau, pouvant mourir à tous instants. Un obus vient de tomber à quelques mètres; lampe éteinte; soldat tué. O mon Dieu, recevez mon âme. La mort est donc toute proche, toujours possible. Mon âme est prête à l'accueillir, elle sera ma délivrance... Si je sors de la guerre, avec quelle ardeur je me livrerai à l'apostolat des âmes..... Mais ici je suis encore prêtre ; je dois donner l'exemple de la vaillance... Quelle semaine ! Jeudi saint, fête du sacerdoce; Vendredi saint, fête du sacrifice; Samedi saint, fête du recueillement devant la mort. Et puis Pâques, résurrection glorieuse...*

Ainsi écrit-il, puis il sort de son abri pour son service. Un obus l'écrase. Pâques fut vraiment pour lui la résurrection glorieuse. (*L'Écho d'Amplepluis*, numéros de juin et juillet 1916 et *lettres communiquées.*)

Le Christ a appliqué ses souffrances au salut de l'humanité. Le Père de Gironde, sous-lieutenant de réserve au 81ᵉ d'infanterie, tué le 7 décembre 1914 dans la bataille d'Ypres, s'écrie : « Mourir jeune, mourir prêtre, en soldat, dans une attaque, en marchant à l'assaut, en plein ministère sacerdotal, en donnant peut-être une absolution ; verser mon sang pour l'Église, pour la France, pour mes amis, pour tous ceux qui portent au cœur le même idéal que moi, et pour les autres aussi afin qu'ils connaissent la joie de croire... Ah! que c'est beau... » *(Le P. Gilbert de Gironde, aux bureaux du Messager du Cœur de Jésus, Toulouse.)*

Et tous ces héros du catholicisme ont des intentions diverses.

L'abbé Ligeard, du grand séminaire de Lyon, caporal au 28ᵉ bataillon de chasseurs alpins, avant de partir pour l'action, le jour même de sa mort, écrit : « J'offre ma vie pour que se dissipent les malentendus qui existent entre le peuple de France et les prêtres ». *(Communiqué par l'A. C.*

J. F., Comité de Lyon.) Le Père Frédéric Bouvier, érudit spécialisé dans l'histoire comparée des religions, tué à Vermandovillers, le 17 décembre 1916, en assistant des blessés, offre sa vie « pour ses compagnons d'armes du 86ᵉ, pour que tant d'hommes droits et bons à qui il ne manque plus que de vivre en Dieu et de vivre conformément à leur foi, se tournent définitivement vers lui ». (*Extrait de sa lettre d'adieu au 86ᵉ d'infanterie,* 9 mai 1916.) — Joseph Arnoult, soldat au 44ᵉ régiment d'infanterie coloniale et dont l'ordre au régiment dit : « a été constamment volontaire pour les patrouilles spéciales », écrit peu avant de tomber au champ d'honneur : « Je suis parti faisant à Dieu le sacrifice de ma vie, lui demandant même avec instance de la prendre bien vite. Je voudrais mourir en martyr pour mon propre salut et pour celui de la France entière ». (*Semaine Religieuse,* Nantes, 6 juin 1915.)

De cette comptabilité mystique, les

exemples sont innombrables. Ces héros catholiques respirent avec la tranquillité la plus familière dans une atmosphère de surnaturel (2). On connaît les prières de la recommandation de l'âme. Ce sont des acclamations que l'Église prononce auprès des mourants. Elle convie en des appels enthousiastes tout le ciel à venir faire cortège à l'âme qui va monter. Par delà les voiles, le soldat chrétien contemple un monde où sa place lui est réservée. Approchez et lisez cette lettre testamentaire que tient un mort sur le champ de bataille. Marie-Lucien Guillard, élève du grand séminaire de Chavagnes-en-Paillers, a été blessé le 8 septembre 1914, et dans son agonie solitaire voici ce qu'il écrivait et que nous offrent ses mains glacées :

Mes bons chers tous,

Quand vous recevrez cette lettre, votre Doudou sera parti au ciel, ou bien c'est que des Allemands charitables l'auront ramassé sur le champ de bataille. Hier matin, 8 septembre, vers 6 heures et demie, quand vous étiez à la messe, par une attention de la très sainte Providence, j'ai été atteint par une balle qui m'a traversé la cuisse, et je suis tombé. Et à l'endroit même, je suis encore, car, par une ressemblance vraiment très indigne avec mon doux Sauveur Jésus sur la Croix, je suis vraiment cloué à ma croix, n'ayant pu bouger ma jambe d'un seul millimètre. Ma blessure me fait à peine souffrir quand je ne bouge pas, mais je souffre beaucoup de la soif. Mon moral est très bon, je n'ai aucune angoisse. Mon crucifix devant moi, je prie et j'attends la volonté du Bon Dieu. Vous savez qu'avant de partir j'avais fait le sacrifice de ma vie. Je l'ai renouvelé bien des fois, depuis hier matin. Je le renouvelle encore une fois, avec tout ce qu'il plaira au Bon Dieu d'y ajouter ou d'en retrancher. Je ne redoute pas la mort ; je l'ai vue et je la vois encore de trop près en ce moment. Elle n'a rien d'horrible, puisqu'elle apporte le bonheur.

Vous-mêmes, je vous en prie, que votre chagrin soit silencieux, résigné et presque joyeux. Ma grande peine est de vous quitter, mais je sais vous retrouver bientôt. *(En Avant, bulletin paroissial d'Ardelay, Vendée,* et *lettre communiquée.)*

Les mystiques disent qu'il faut se clouer par le désir à la Croix du Christ, et l'on sait sur ce thème une belle lettre de sainte

Catherine de Sienne, mais qu'est-ce que la plus ardente doctrine auprès d'un acte ! Ce prêtre soldat cloué sur la croix et sur la terre de France, c'est un fait en pleine lumière et qui nous transporte *ex umbris et imaginibus in veritatem* (3).

CHAPITRE IV

LES PROTESTANTS (4)

Il y a dans l'armée soixante-huit aumôniers protestants, et puis, épars dans les rangs, trois cent quarante pasteurs, officiers ou soldats, qui peuvent à l'occasion, sans titre ni facilités, distribuer leur parole.

Chiffre bien faible, mais dans toute la France, qu'y a-t-il de pasteurs? Un millier, de toutes confessions. Même en temps de paix, leurs fidèles, ceux du moins des petites villes, ne les voient que par intervalle, au passage, quelques heures. Dans la religion réformée, les sacrements pour lesquels le prêtre serait indispensable n'existent pas. Le grand secours, c'est la Bible.

« A l'armée, me dit un pasteur, nous ne sommes pas organisés pour dresser un autel et dire ces messes catholiques en plein air d'un si puissant effet. Nous ne disposons pas de vos belles liturgies. Mais nous avons la Croix du Calvaire et puis la Parole. »

Approchons-nous, écoutons, tâchons de saisir les nuances belles et profondes qui distinguent la haute vie spirituelle des protestants à la guerre. Au milieu des prêtres catholiques s'épanouissait le sentiment du surnaturel avec des effets extraordinaires et visibles ; maintenant nous entrons parmi des pasteurs plus graves, plus pieux, plus exemplaires que le commun des hommes et qui ont pour objet l'exaltation morale.

Un protestant qui veut me faire comprendre l'esprit des pasteurs à la guerre, me décrit l'un des plus aimés : « Le pasteur Nick, blessé à l'ennemi, est une espèce de géant, un blond aux yeux bleus, que nous avons toujours vu dévoué à toutes les causes. Il appartient au christianisme social, voisin du *Sillon*, qui veut rendre la vie terrestre possible et établir dans l'humanité le règne de Dieu. Au millieu de ses paroissiens, il avait institué une « fraternité ». Il n'a l'esprit sectaire en aucune façon ; il engrène toujours avec le voisin. En même temps qu'il collabore au mouvement social, il est un de nos pasteurs les plus zélés, et il se relie en pensée à toutes les belles figures qui sont dans l'Église catholique. Aujourd'hui, à la fois aumônier et soldat, il est tellement attiré par ceux qui sont au premier rang ! Il trouve les paroles les plus délicates pour les blessés, de la tendresse et des consolations pour chacun. Il est tout optimisme, absolument convaincu que tout doit contribuer au bien de ceux qui aiment Dieu et qui veulent le réaliser. La parole, *Son âme bénit l'Eternel*, explique le genre de sa vaillance. Il a une âme qui est un psaume. »

La vie familiale des pasteurs, en se mêlant à leur vie sacerdotale, a fourni au cours de ces deux années de beaux traits que les fidèles recueillent comme des leçons et des exemples, pour supporter vaillamment les angoisses de la guerre.

Le pasteur Camille Rabaud, vieillard plus qu'octogénaire, de vieille souche cévenole, avait deux petits-fils. L'aîné tombe au champ d'honneur. « Sa mort m'encourage, écrit le cadet ; désormais nous serons deux. » A son tour, il est frappé ; alors, le vieillard se présente au Temple et veut monter en chaire. On cherche à l'arrêter. Dans son grand âge, un tel effort ! Il répond : « Ils ont marché, je marcherai ». Il prêche, il tire argument de ses morts pour réconforter les fidèles de Castres. Et de même, à Nîmes, le pasteur, le vénérable M. Babut, ayant perdu un fils, cherche à faire de sa douleur la consolation des autres. M. Babut est ce pasteur qui, au début de la guerre, écrivit la lettre la plus noble, d'une honnêteté poussée jusqu'à la candeur, au pasteur Dryander, et qui reçut de cet Allemand, prédicateur attitré de Guillaume, une réponse hideuse de pharisaïsme. Son fils tombé au champ d'honneur, il prêcha un sermon admirable de foi et de force d'âme. Les catholiques étaient venus l'entendre avec les protestants. Je crois bien que tous pleuraient. Un témoin m'écrit que ce fut pour Nîmes, et vous savez que les luttes religieuses y sont vives, un jour, non pas d'union, mais de communion sous les espèces de l'espérance et de la souffrance (5).

Un autre pasteur, aumônier de l'armée, M. Gounelle, a perdu son fils. Pensant à ce jeune héros et à ses camarades, il écrit dans une lettre que j'ai sous les yeux : « Cette guerre a parfois renversé les rôles. Nous les élevions, ces petits, en temps de paix : ce sont eux maintenant qui sont nos grands et qui nous élèvent ».

La pensée est bien belle et de la plus

touchante humanité. Nous sommes sur les sommets de la vie morale.

Quelles sont les idées qui semblent les plus puissantes pour vivifier les protestants dans cette guerre? De quoi se compose leur trésor propre au service de la patrie ?

D'abord, ils aiment l'Alsace (6). Un grand nombre d'eux en sont originaires. C'est un fait puissant, qui met dans leur patriotisme un ferment spécial. « Depuis un demi-siècle, me dit un pasteur d'origine alsacienne, nos âmes d'exilés souffrent comme d'une impiété des divisions de notre pays qui prolongeaient les souffrances de l'Alsace et semblaient même les négliger. » Pour la délivrance, il fallait mettre au-dessus de tout l'idée de patrie. Les originaires d'Alsace, Français de la même manière que les habitants de Nantes ou de Marseille, ont en plus un besoin personnel de la victoire, un intérêt immense à l'écrasement de l'Allemagne. Ils luttent contre une oppression qui leur refuse le droit d'épanouir leur nature la plus complète.

De ce point de vue alsacien, les protestants s'assurent que la cause des Alliés est la plus juste pour laquelle on se soit jamais battu. Et cette vérité fait leur second réconfort. Contraints à défendre la liberté de la France, nous luttons du même coup pour la libre respiration des petits peuples. Sans cette certitude, beaucoup de protestants seraient bien troublés et comme paralysés, incapables d'agir. Ils n'auraient pas suivi aisément le drapeau de leur pays dans une guerre d'agression.

« Mon cœur de citoyen n'est pas inquiet, écrit le sergent Pierre de Maupeou, tué à vingt-cinq ans, mais mon cœur de chrétien l'est souvent. Il y a deux sentiments incompatibles qui s'agitent en moi, je ne crains pas de le dire. La morale des hommes n'est pas celle de Dieu... »

Ce sergent du génie est un brave entre les braves. Ses deux citations à l'ordre de l'armée en témoignent. Mais c'est un chrétien à scrupules. Il a participé à une action que relate le communiqué officiel du 8 février 1915 : « ..... une tranchée allemande bouleversée par une mine et dont les défenseurs ont été pris ou tués ». Là-dessus, il médite : « C'est une dure mort, comme disent les mineurs, que celle que nous provoquons ! L'Évangile a dit : Celui qui frappe par l'épée périra par l'épée... Pour ne pas défaillir à certains moments, il faut que je sois certain de défendre la plus juste et la plus belle des causes ». (*Memento de Pierre de Maupeou*, tué au cimetière d'Ablain-Saint-Nazaire, le 28 mai 1915.)

Ils sont nombreux, ces protestants qui, voyant une opposition entre la guerre en soi et la pensée de Dieu, cherchent à la résoudre dans leur conscience (7). Il ne faut pas se venger, il faut pardonner à ses ennemis ; sans doute ! mais la vie du Christ fut un combat pour que la terre n'appartînt pas aux brigands, et ce précédent les persuade qu'ils ont su concilier le devoir divin et le devoir humain. Leur solution parfaite, je la trouve dans une lettre d'Olivier Amphoux, docteur en droit, étudiant en théologie protestante, qui, peu avant Vassincourt, où il tomba le 5 septembre 1914, écrivait : « L'heure de la grande bataille approche. Le général de division nous l'a déclaré lui-même ce matin, et ce sera la bataille décisive. On peut prier Dieu, non pas, ce qui serait allemand, pour telle armée plutôt que pour telle autre, mais pour la sauvegarde de la justice (8) ».

Enfin, c'est leur troisième réconfort, ces protestants se battent pour conquérir la paix dans le monde et dans les âmes. Continuellement je trouve sur leurs lèvres en formes diverses cet appel à l'avènement de l'Évangile. Francis Monod (9), qui appartient à un groupe pieux intitulé les « Volontaires du Christ », parti comme sous-lieutenant au 33ᵉ d'infanterie, écrit :

« La guerre ! mais il me semble que plus que jamais nous travaillons pour la paix. Quand l'unité factice, qui s'est formée à nos côtés il y a quarante-quatre ans, sera dissoute... la France, à la tête du progrès et de la liberté, comme toujours, travaillera efficacement pour la paix du monde... De cette guerre résulteront de grandes choses pour notre patrie, pour l'œuvre qui doit s'accomplir en elle et par elle. La guerre actuelle, ô miracle ! servira la cause de l'évangélisation du monde dans cette génération. Elle contribuera à réveiller l'Église, à unir ses membres ». (Cité par M. Raoul Allier, « Avec nos fils sous la mitraille ».) Et le jeune Gustave Escande, de la *Fédération Universelle des Étudiants chrétiens*, écrit à ses amis : « Il m'est très doux de penser que des centaines de milliers de jeunes gens dans le monde luttent comme moi pour arriver à l'idéal que nous nous sommes composé : « Faire le Christ Roi. » Mais la voix de ces jeunes lévites du droit n'est nulle part mieux persuasive que dans la prière que voici, d'un petit soldat protestant du pays de Montbéliard, qui mourait à l'ambulance de la gare d'Ambérieu.

Seigneur, disait-il, que ta volonté soit faite et non pas la mienne. Je me suis consacré à toi dès ma jeunesse et j'espère que l'exemple que j'ai cherché à donner aura servi à te faire glorifier.

Seigneur, tu sais que je n'aurais pas voulu la guerre, mais que je me suis battu pour faire ta volonté ; j'offre ma vie pour la paix.

Seigneur, je te prie pour tous les miens. Tu sais combien je les aime : mon père, ma mère et mes frères, mes sœurs.

Seigneur, rends au centuple à ces infirmières tout le bien qu'elles m'ont fait ; je suis un pauvre, moi, mais toi tu es le dispensateur des richesses. Je te prie pour eux tous. *(Cité par M. le pasteur John Vienot dans* Paroles françaises *(10).*

Cette prière, d'une grandeur paisible, où il avait mis ses dernières pensées, le petit soldat la répétait si souvent que la sœur catholique qui le soignait la recueillit et l'envoya à la famille en deuil. Geste touchant d'une religieuse qui a reconnu des accents pleins de la charité à laquelle ses vœux la consacrent. Que ces deux enfants du génie de la France soient bénis!

Ainsi, du rachat de l'Alsace et de l'amour de leur terre natale, les huguenots de France élargissent leur vœu jusqu'au rachat de l'humanité, et, par ces trois motifs de liberté, de justice et de paix, s'élèvent à l'héroïsme guerrier.

Henri Gounelle, qui devait tomber le 15 juin 1915 dans la tranchée de Calonne, écrit le 8 juin à son père :

> Je pars demain aux tranchées. Croyez bien que j'ai l'intention de revenir. Si pourtant il fallait rester là-bas, je fais dès maintenant le don de ma frêle existence à la cause qui secoue notre patrie d'un spasme héroïque et divin (11). *(Lettre communiquée.)*

A la veille de l'offensive de Champagne, où il allait être tué le 6 octobre 1915, le sous-lieutenant Maurice Dieterlin, ancien élève de l'École des Chartes, envoie à sa famille ses dernières paroles :

Je vis le plus beau jour de ma vie. Je ne regrette rien et je suis heureux comme un roi. Je suis heureux de me faire casser la figure pour que le pays soit délivré. Dire aux amis que je m'en vais à la victoire le sourire aux lèvres, plus joyeux que tous les stoïques et tous les martyrs de tous les temps. Nous sommes un moment de la France éternelle. La France doit vivre, la France vivra.

Préparez vos plus belles toilettes. Gardez vos sourires pour fêter les vainqueurs de la grande guerre. Nous n'y serons peut-être pas : d'autres seront là pour nous. Vous ne pleurerez pas. Vous ne porterez pas notre deuil, car nous serons morts le sourire aux lèvres et une joie surhumaine au cœur. Vive la France! Vive la France!

..... Quelle ivresse! J'ai vécu ce soir l'heure merveilleuse de ma vie, celle pour laquelle j'étais préparé dès ma naissance. J'estime que j'ai eu toutes les joies de la terre, tout le bonheur humain, et que je puis m'en aller paisible. Je n'appartiens plus à mon père, à ma fiancée, à mes études, à mes goûts. Je suis la chose de mon colonel. Il peut faire de moi ce qu'il voudra. Il peut me tenir dans sa main comme une balle et me lancer où il voudra... Comme le sacrifice est facile et comme vos enthousiasmes aussi rapides que vos découragements, sont loin de nous, incommensurablement loin, aussi loin que les plus lointaines étoiles le sont de notre planète!..... » *(Lettre communiquée.)*

Et, dans une de ses dernières lettres, le caporal Georges Groll, secrétaire de l'*Union chrétienne des jeunes gens de Paris*, et qui va mourir à l'ennemi près de Souchez, le 9 juin 1915, écrit à son père, M. Groll, boulanger, rue Pierre-Lescot :

On ne m'envoie pas me faire tuer ; je vais combattre, j'offre ma vie pour les générations futures. Je ne meurs pas, je change d'affectation. Celui qui marche devant nous est assez grand pour que nous ne le perdions pas de vue. *(Lettre communiquée.)*

Quelle image, que l'on croirait pétrie par un Michel Ange! Ces protestants, quand nous voyons leurs temples qui nous glacent et leurs prêches, toujours sur la morale, nous semblent des esprits calmes et modérés, raisonneurs au point qu'à les comparer avec les héros catholiques dont nous avons décrit les états de conscience violents et l'ivresse joyeuse, nous songions d'abord à parler de leur philosophie plutôt que de leur religion; mais apprenons à mieux les connaître par l'amitié et l'admiration que nous inspirent de tels actes et de tels cris sublimes.

Maurice Rozier, aspirant d'infanterie, écrit : « Dimanche, mai 1915. — Tous trois, mon capitaine, l'aumônier et moi, nous avons eu un culte sur la falaise qui domine la vallée riante de l'Aisne, tandis que les Allemands bombardaient un aéro sur nos têtes. « Ma grâce te suffit. Saint Paul, » dans ses dangers épouvantables, trouve la » paix dans la grâce de Dieu », tel fut le thème simple de la méditation... » Rien de plus. L'image de ce petit culte nous touchait, mais n'avait pas de sens pour nous. Ailleurs, dans la vie du jeune Escande, nous lisions que privé de voir l'aumônier protestant, il aimait à entrer dans la petite église catholique de Courtemont, où, caché derrière un pilier, il se tenait dans le silence et le recueillement.

Et là encore, une minute, nous cherchions à distinguer ce jeune chrétien dans son ombre... Aujourd'hui, nous comprenons leur vie intérieure et nos parentés se révèlent. Mêmes racines profondes dans la chrétienté et deux floraisons glorieuses.

CHAPITRE V

LES ISRAËLITES

Une grande affaire d'Israël dans son éternelle pérégrination, c'est de se choisir une patrie. Il ne la tient pas toujours de ses aïeux ; il l'acquiert alors par un acte de volonté, et sa nationalité est sur lui comme une qualité dont il se préoccupe de prouver qu'il est digne.

Beaucoup d'israélites, fixés parmi nous depuis des générations et des siècles, sont membres naturels du corps national, mais ils sont préoccupés que leurs coreligionnaires nouvellement venus fassent leurs preuves de loyalisme. Aux premiers jours de la guerre, quand une émotion hostile se produisit dans l'ancien ghetto parisien (au 4ᵉ arrondissement) autour des juifs de Russie, de Pologne, de Roumanie et de Turquie, une réunion se tint chez l'un des rédacteurs du journal le *Peuple juif,* qui en donne le récit : « Ne croyez-vous pas, dit quelqu'un, qu'il soit nécessaire d'ouvrir une permanence spéciale pour les engagés juifs étrangers, afin que l'on sache bien que les juifs eux aussi ont donné leur contingent ? »

Le jour même, un appel en français et en yddisch fut lancé aux Juifs immigrés, les invitant à venir s'inscrire dans les salles de l'Université populaire juive, 8, rue de Jarente. Ils l'accueillirent avec enthousiasme, comme un bouclier, et, dit le *Peuple juif,* « pas un commerçant juif des quartiers juifs ne s'abstint d'en apposer un exemplaire à sa devanture, bien en évidence... Dès le lendemain, une foule énorme se pressait dans les salles de l'Université populaire juive... Chacun voulait être inscrit au plus tôt et être en possession de la carte attestant son engagement ; carte magique qui rompait les files d'agents dans les service d'ordre et apaisait le courroux des concierges et des voisines trop zélées. » (Le *Peuple juif*, octobre 1916.)

Des jeunes gens de bonne volonté, des intellectuels ce semble, interrogeaient, renseignaient, prêchaient, inscrivaient ces recrues disparates. Le plus zélé était un israélite de vingt-deux ans, élève de l'École des ponts et chaussées, petit, chétif, les yeux ardents, presque fébriles, d'une âme forte et envahissante. Enthousiaste, il rêvait de mettre debout une véritable légion juive. Rothstein était un sioniste. Par ce gage donné à la France, il ne doutait pas de servir la cause d'Israël.

Comment l'entendait-il ? Pensait-il obtenir de la victoire des Alliés la réalisation des projets si curieux, qui ne vont pas sans grandeur, du docteur Herzl, ou plus simplement et plus sûrement voulait-il augmenter par des sacrifices la force morale, l'autorité d'Israël? Un mot qu'il prononça ne laisse pas de doute sur la vigueur et la direction de sa pensée. Il donnait rendez-vous à ses amis après la guerre en Palestine.

Quand tous furent engagés, lui-même signa la feuille d'enrôlement.

Parti simple soldat, Amédée Rothstein fut promu sous-lieutenant, puis cité à l'ordre de l'armée pour avoir « montré une fougue et un sang-froid remarquables, qui ont fait l'admiration des officiers d'infanterie et de ses hommes », enfin nommé chevalier de la Légion d'honneur pour « s'être particulièrement distingué le 25 septembre 1915 en sortant le premier des tranchées et en entraînant vigoureusement ses hommes, ce qui a contribué à donner un élan superbe à la première vague d'assaut ».

On aimerait connaître les pensées, les étonnements, les sympathies, les espérances de ce jeune héros d'Israël au milieu des soldats et des paysages de la France, dans une atmosphère morale si différente de son propre esprit, mais dont il s'enivrait et voulait s'enrichir.

J'ai lu de lui une analyse de la thèse de Pinès sur la « *littérature judéo-allemande* », analyse écourtée, bien sèche, qui fait regretter un travail plus considérable « trop subjectif, trop personnel », nous dit-on, qu'il avait consacré au même sujet. Telles quelles, ces dix pages, où il écoute le peuple juif parler, montrent son idée fixe, son obsession des souffrances et des espoirs d'Israël, et son regard tourné vers la Palestine. Il semble mettre au-dessus de tout le sentiment de la fierté nationale qu'il se préoccupe de concilier avec l'idéal humanitaire.

Nous possédons ses *Ultima verba* dans une lettre adressée à son aumônier, M. Léon Sommer : « Actuellement, dit-il, je tiens ma vie comme entièrement sacrifiée, mais si le sort veut bien me la laisser, à la fin de la guerre je la considérerai comme ne m'appartenant plus, et, après avoir fait mon devoir envers la France, je me dévouerai au beau et malheureux peuple d'Israël dont je suis issu. Mon cher aumônier, au cas où je viendrai à disparaître, j'aimerais bien dormir sous l'égide de David. Un « Maguem David » me bercerait peut-être d'un dernier frisson, et mon esprit se complait à la pensée de dormir mon sommeil éternel à l'ombre du symbole de Sion ».

Le 18 août 1916, le sous-lieutenant Rothstein tombait à la tête de ses hommes, frappé d'une balle au front.

Il y a quelque chose de douloureux et d'attachant dans cette destinée d'un jeune esprit qui regarde le monde et la vie exclusivement à travers la nation juive et qui meurt au service de ceux qu'il aime le plus, mais dont il tient à se distinguer. C'est une des épreuves innombrables d'Israël errant.

Maintenant approchons-nous d'un pas, et de cet ami du dehors venons à nos adoptés.

Les juifs d'Algérie, durant cette guerre, nous font voir Israël qui vient de se lier à la civilisation française et qui désire ardemment coopérer à nos droits, à nos devoirs et à nos sentiments. Il y a quarante-cinq ans, ils ne participaient à aucun droit. Crémieux soudain leur accorda un privilège qui a fort bouleversé les Arabes. Il les décréta citoyens français. La noblesse de ce titre, les prérogatives qui lui sont attachées et notre éducation semblent les avoir transformés en patriotes. Leurs pères ne connaissaient que le commerce, mais eux vibrèrent à l'appel aux armes. Ils partirent, me dit-on, avec un grand enthousiasme. Un témoin m'assure qu'on les entendit s'écrier : « Nous courrons aux Boches, et nous leur enfoncerons nos baïonnettes dans le ventre au cri de l'Éternel ».

Le cri est superbe et emmène notre imagination vers les vieux temps bibliques et l'épopée des Macchabées. J'aimerais avoir sur l'activité guerrière des israélites d'Algérie des précisions que je n'ai pu me procurer (12) ; mais, passant à un autre compartiment de ce même chapitre des adoptés qui se conduisent en bons Français pour payer et justifier leur adoption, j'apporte un témoignage certain qui nous met devant une âme noble et véhémente, et nous introduit au milieu des tourments intimes de l'Israël francisé.

J'ai entre les mains la correspondance familiale de Robert Hertz, élève de l'École normale supérieure, professeur de philosophie au lycée de Douai, fondateur des *Cahiers du socialisme*, fils d'un israélite allemand. Et c'est ce dernier point qui fait le tragique de sa position et de sa pensée. Ses lettres à sa femme sont admirables de plénitude et de chaleur. Je lui fais tort si je ne vous dis pas son amour de son foyer, sa vigoureuse curiosité intellectuelle qui s'exerce de la manière la plus originale au cours même de la guerre, sa pleine satisfaction dans cette discipline militaire où il satisfait ce qu'il appelle sa « nostalgie de la cathédrale absente », enfin sa volonté indomptable et bien réfléchie d'aller « jusqu'au bout ». A plusieurs reprises, mon nom blâmé, loué, revient sous sa plume, et j'écoute nos accords et nos désaccords avec la plus grande attention, car la guerre ne laisse rien en nous que nous refusions de reviser. Mais je ne m'arrêterai pas; j'ai hâte d'aller presque brutalement, c'est pour l'honneur de ce Robert Hertz, jusqu'à sa pensée toute nue et frémissante. « Si je tombe, écrit-il à sa femme, je n'aurai acquitté qu'une toute petite part de ma dette envers le pays... »

Et là-dessus, ce morceau capital :

Chère, je me rappelle des rêves de quand j'étais tout petit, et plus tard lycéen, là-bas, dans la chambre près de la cuisine, avenue de l'Alma. De tout mon être je voulais être Français, mériter de l'être, prouver que je l'étais, et je rêvais d'actions d'éclat à la guerre contre Guillaume. Puis ce désir d'« intégration » a pris une autre forme, car mon socialisme procédait de là pour une large part.

Maintenant le vieux rêve puéril revit en moi plus ardent que jamais. Je suis reconnaissant aux chefs qui m'acceptent pour leur subordonné, aux hommes que je suis fier de commander, eux, les enfants d'un peuple vraiment élu. Oui, je suis pénétré de gratitude envers la patrie qui m'accepte et me comble. Rien ne sera trop pour payer cela, et que mon petit gars puisse toujours marcher la tête haute, et dans la France restaurée ne pas connaître le tourment qui a empoisonné beaucoup d'heures de notre enfance et de notre jeunesse. « Suis-je Français ? Mérité-je de l'être ? » Non, petit gars, tu auras une patrie et tu pourras faire sonner ton pas sur la terre en te nourrissant de cette assurance : « Mon papa y était et il a tout donné à la France ». Pour moi, s'il en faut une, cette pensée est la plus douce récompense.

Il y avait dans la situation des Juifs, surtout des Juifs allemands nouvellement immigrés, quelque chose de louche et d'irrégulier, de clandestin et de bâtard. Je considère cette guerre comme une occasion bien venue de « régulariser la situation » pour nous et pour nos enfants. Après ils pourront travailler, s'il leur plaît, à l'œuvre supra et inter nationale, mais d'abord il fallait montrer par le fait qu'on n'est pas au dessous de l'idéal national...
(*Lettres communiquées.*)

L'auteur de ce testament l'a signé de son sang, certifié de sa mort. Robert Hertz a été tué le 13 avril 1915 à Marchéville, étant sous-lieutenant au 330e d'infanterie. Je ne crois pas qu'il soit possible de trouver un texte où s'affirme avec plus de force et d'émotion le désir passionné d'Israël de se confondre dans l'âme française.

Voilà des israélites nouvellement venus parmi nous et chez qui la part irraisonnée, quasi animale qu'il y a dans notre amour de la patrie (comme dans notre attachement à notre mère), n'existe pas. Leur patriotisme est tout spirituel, acte de volonté, décision, choix de l'esprit. Ils préfèrent la France; la patrie leur apparaît comme une association librement consentie. D'ailleurs, ils peuvent trouver dans cette situation même une raison de se dévouer, et Robert Hertz, fils d'Allemand, nous fait voir en termes admirables que se connaissant comme un adopté il veut se conduire de manière à mériter son adoption. Mais il est d'autres israélites en grand nombre, enracinés depuis des siècles et des générations dans le sol de France et mêlés familièrement aux bonheurs, aux malheurs de la vie nationale. Je me demande ce qu'ils trouvent de soutien patriotique dans leur religion. Que subsiste-t-il en eux du vieil Israël pieux, et quel secours celui-ci offre-t-il à ses fils engagés dans la guerre?

M. le grand rabbin du Consistoire central de France, dans une lettre que j'ai sous les yeux, répond : « Mes aumôniers et moi, nous avons constaté depuis le début de la guerre chez les soldats israélites une grande recrudescence de foi religieuse s'alliant à l'enthousiasme patriotique ». Cependant je n'ai pas de textes. J'indique en toute bonne foi les lacunes de mon enquête. Les documents que je possède sur l'élite morale des israélites ne me font connaître que des consciences qui paraissent vidées de leur tradition religieuse (13). Ce sont des libres-penseurs.

Les libres penseurs issus du catholicisme ou du protestantisme vivent, pour une grande part, du vieux fonds chrétien ; durant des siècles, ils furent préparés dans les petites églises de village. Mais ces israélites, de quoi sont faits leur dévouement et leur acceptation ? Que leur a dit la Sagesse qui repose dans l'ombre de la vieille synagogue ? Vers quel synonyme de Jéhovah sont-ils inclinés quand ils prononcent le *Fiat voluntas tua* ? Et comment se nuance leur consentement sur cette gamme morale qui va de l'attente douloureuse au joyeux appétit du sacrifice ?

Un jeune juif nous donne une réponse à ces grandes questions. Roger Cahen, sorti depuis peu de l'école normale supérieure, âgé de moins de vingt-cinq ans, est sous-lieutenant dans les bois de l'Argonne. Sous le feu allemand, il se livre avec volupté à des examens de conscience dont ses lettres nous donnent le dessin. Claires et fortes, avec tous les germes qui annoncent le grand talent, elles respirent la confiance d'un jeune intellectuel qui, parlant à sa famille, à des amis sûrs, à son ancien maître, M. Paul Desjardins, ne craint pas d'étaler sa fierté et sa liberté spirituelle. Ce sont autant de petites méditations où l'on voit que le jeune soldat ne cherche et ne rencontre que lui-même dans tout le chaos de cette guerre. Roger Cahen ne s'aventure pas au delà du cercle de clarté que répand sa petite flamme intérieure : « Je ne crois à aucun dogme d'aucune religion », écrit-il. C'était son opinion avant la guerre; il s'y confirme en décembre 1915, deux mois avant sa fin héroïque. « Je viens de lire la Bible. Elle est pour moi un recueil de contes, de vieilles et charmantes histoires. Je n'y cherche et n'y trouve pas autre chose que des émotions poétiques. »

Ce sont des émotions poétiques encore qu'il cherche dans la guerre, et il en trouve de fort belles. Je le crois tout à fait quand il écrit : « J'ai en moi une abondance de gaieté indéfiniment renouvelable, une âme toute fraîche et nette, accueillante, à tous et à toutes les sensations. J'ai chaque matin l'impression que je viens seulement de naître et que je vois le vaste monde pour la première fois... » Certaines de ses lettres écrites sur ses genoux, à la lueur d'une pauvre bougie, à cinq mètres sous terre, sont d'un grand lyrique. Écoutez avec piété ce fragment de l'éternelle poésie :

Splendeur du jour naissant, aucun hymne n'égalera celui qui monte dans l'âme des hommes qui veillent dans les tranchées quand, après des heures d'attente, ils sentent, puis voient apparaître et grandir le jour triomphant. A ces instants-là, j'ai tout un orchestre en moi. Si je pouvais noter ces chants intérieurs qu'aucun concert ne me rendra jamais ! Si vous saviez combien elles sont riches et belles les émotions que donne la venue au monde du jour bien-aimé !

Je n'entendrai jamais les prisonniers de *Fidelio* monter sur la tour, sans associer à la musique sublime de Beethoven cette voix du petit sous-lieutenant... Une nuit, voyant venir dans le ciel, à la lueur des fusées, une flotte de nuages chargés de pluie, il les salue en lui-même du chant des mariniers du premier acte de *Tristan*. Au fond des tranchées, en première ligne, il note que les seuls événements de son histoire « ce sont les changements de l'ordre naturel, la tombée de la nuit, la naissance du jour, un ciel couvert ou étoilé, la chaleur ou la fraîcheur de l'air. Cette confusion avec la vie du monde donne à notre vie une grandeur, une beauté incomparables... »

Ainsi attaché à la splendeur universelle, il défie le destin. « J'ai confiance que quoi qu'il arrive aujourd'hui, demain, dans huit jours, je me suis monté assez haut pour dominer les événements et ne les regarder qu'avec curiosité ». Et le voilà qui lève son regard : « Le ciel est tout bleu. Bourdonnement d'avions. Nous assisterons encore aujourd'hui à des luttes. A voir les avions se chercher, foncer l'un sur l'autre, se mitrailler, reprendre le large, revenir à la charge jusqu'à ce que l'un des deux s'enfuie ou tombe, je retrouve tout pur le plaisir passionnant des courses de taureaux : émotion pareille, l'arène est en haut. »

Tout cela se résume dans cette profession de foi :

Au risque de vous paraître fou, je déclare en mon âme et conscience que j'aime être ici ; j'aime la tranchée de première ligne, comme un « pensoir » incomparable ; on y est ramassé sur soi-même, toutes ses forces rassemblées ; on y jouit d'une entière plénitude de vie. J'y suis comme sous un réflecteur, je m'y vois dans une clarté toute crue, avec une lucidité qui mieux que n'importe quel bureau de travail facilite l'analyse... Je lis peu, j'ai plus de plaisir à voir autour de moi, à essayer de démêler et de coordonner mes impressions ; travail de prolongement et d'approfondissement, ce que mes hommes font pour les boyaux, je le fais en moi-même.

Si vous étiez disposé à la longue à trouver ce dilettantisme un peu voulu, hâtez-vous de reconnaître dans cette volonté, qui de toute manière serait méritoire, un fond bien touchant de tendresse. Ces lettres, le courageux enfant les écrit à ses parents. A-t-il cette tranquillité toujours dans son cœur? Je le crois. Mais je suis sûr aussi qu'il veut la donner aux siens. Eh! ne cesse-t-il de leur répéter, en fin de compte, c'est un enrichissement d'images et de sensations :

Je suis heureux comme un homme à qui l'on offrirait une touffe de roses à respirer. Et puis l'habitude de ne contempler que des spectacles de la plus grande poésie m'agrandit l'âme... Cette campagne aura été pour moi, comme je m'y attendais, une excellente épreuve. Elle m'aura fait un homme; elle m'aura appris que je puis m'assurer toujours sur moi-même. Elle m'aura élargi la vue (toute ma vie intérieure est devenue plus facile, plus large — large comme une avenue où j'aimerais voir aller et venir beaucoup de passants) — surtout en me montrant les effets que peuvent avoir sur les autres un visage égal, souriant, accueillant à n'importe quelle heure, et quelques bonnes paroles.

A chacune de ses lettres, sa conclusion ne manque jamais d'être qu'il se tient désormais pour un bon et solide instrument. C'est le refrain et le ressort de sa pensée quotidienne. Il a trouvé sa règle et sa voie. Il est sûr de lui.

Pour définir sa méthode et son état d'esprit, son culte ou sa culture du moi, il trouve une quantité d'expressions pleines d'esprit : « Réjouissez-vous, écrit-il à ses parents, mais non d'une joie de primitif, à la façon des Boches, d'une joie critique. » Un autre jour, voulant indiquer la monotonie des journées et des heures et son repos quasi-monastique d'esprit, il écrit : « Je jouis du sentiment de la continuité. » Et encore : « J'étais fait pour cette vie aventureuse... Je jouis de l'exercice voluptueux de ma volonté. »

Son refrain dans cette dure vie ne varie pas un instant. Chaque jour, il note : « Je crois faire de sérieux progrès intérieurs. Je rapporterai une magnifique collection d'images et d'impressions. »

A la longue, on s'en offenserait. Vraiment, dans un tel drame, cette volupté de collectionneur... Eh! il est à la peine, ce vaillant, nous n'allons pas lui chicaner son droit de prendre son réconfort où il le trouve ; admirons plutôt qu'il se crée de la volupté, là où tant d'autres gémiraient. Une nuit qu'il est de garde dans la tranchée, entre une et quatre heures, et que les balles et les grenades s'écrasent contre le parapet, il note les combinaisons et le scintillement des étoiles, et ajoute : « Il faudra que j'apprenne l'astronomie. »

Cela est très beau. Et cela lui est utile pour être un brave. C'est en suivant sa volupté qu'il s'achemine à l'héroïsme.

Notons-le en passant. Roger Cahen est justifié par Pascal, qui disait dans sa haute sainteté : « L'homme est esclave de la délectation; ce qui le délecte davantage l'attire infailliblement. » Pascal avec les jansénistes présentait là une doctrine de saint Augustin, qui lui-même l'avait prise chez Virgile. A leurs yeux, c'était en outre une vérité de sens commun : « On ne quitte les biens de la terre que parce qu'on en trouve de plus grands au service de Dieu. » Roger Cahen, qui aimait lire Virgile dans sa tranchée, aurait pu prendre pour devise *Trahit sua quemque voluptas*. Telle était sa voie pour prononcer à son tour et à sa manière le *Fiat voluntas tua*.

Je tâche de mettre à profit mon isolement et l'acuité que donne le danger pour mieux me connaître. Si vous saviez avec quelle simplicité on se considère et on se juge dans ce pays ! J'ai réussi jusqu'à présent à me maintenir dans un état d'égalité et d'insouciance philosophique, de constante acceptation.

Le voilà, le mot de tous, l'acceptation ! Et ce n'est pas le mot seulement, c'est bien la pensée. Toute chaude, toute noble, profondément douloureuse pour ceux qui l'écoutent avec une parfaite sympathie, mais pour lui nuancée de paix joyeuse :

Je me suis interdit de porter des jugements de valeur sur les événements de ma vie ; je les accepte tous comme des occasions que m'offre le sort pour mieux me connaître et m'améliorer.

Et encore :

Je regarde. Je me laisse émouvoir. Ne suppose pas que je fais des efforts d'intelligence pour voir les choses et les hommes à leur place dans le tout ; aucun vraiment. J'ai fait cet effort-là autrefois, dans la première partie de la vie, avant la guerre. Maintenant le pli est pris. Délivrance de toute tension. La vie me paraît simple, simple, et toujours si admirable que je ne comprends pas qu'on ne s'y prête pas avec reconnaissance...

Un des jeunes amis à qui il adresse ces belles lettres cherche à le classer et lui dit : « Tu es fataliste. » Roger Cahen proteste avec vivacité : « Ni fataliste, ni déterministe ; j'accepte seulement avec amour tous les événements qui sont créateurs de sentiments nouveaux, de forces nouvelles ; je suis celui qui espère toujours, je suis persuadé que le Messie est à venir. »

Un autre jour, il écrira : « Je suis d'une âme très pieuse, mais ma piété est celle de Jean Christophe : « Sois pieux envers le jour qui se relève. » Mon Dieu, c'est le Temps, le Temps très bon et très puissant. »

Enfin, à la veille de sa mort, cette belle page :

J'ai été purement stoïcien entre quinze et dix-sept ans ; j'avais alors Marc-Aurèle constamment sur ma table et je me grisais à froid d'Épictète... Depuis la guerre, j'ai dépassé et abandonné la doctrine stoïcienne ; je n'avais plus besoin de cet échafaudage, je l'ai mis bas. J'étais mal à l'aise dans son déterminisme, et puis elle me paraissait vraiment trop sèche et manquer de cœur. Je continue à croire que la principale vertu est l'effort de la raison pour voir les choses à leur place dans l'ensemble, pour les « remettre au point » en toute vérité et simplicité, et à mon détriment s'il le faut, quelque douloureux que ce soit, mais je ne crois pas que le monde soit pénétré de raison. Je constate qu'il est mené uniquement par les sentiments et les passions.

Quelle solitude dans ces réflexions ! On peut hardiment supposer que ce petit recueil de lettres exprime une manière de penser qui fut à peu près unique dans les ravins de la Fille Morte. Roger Cahen est seul en face de la nature.

J'ai été habitué de longue date à la solitude ; j'ai appris à l'aimer et à la rendre féconde ; je travaille intérieurement le plus possible ; je sais vivre au milieu des gens qui me sont indifférents comme si j'étais seul, sans récriminations insensées contre eux et sans me ronger moi-même, en toute paix, avec un complet détachement de ceux auprès desquels je dois vivre. Enfin, tout ce que je vois autour de moi, pays, ciel, forêt et scènes humaines, tout est si beau, si beau que la joie de la contemplation est constamment la plus forte. Avec les camarades, je me contente de relations de politesse : avec la nature, j'ai d'intimes, émouvantes et très douloureuses relations d'affection.

C'est vrai qu'il est différent, mais comment le lire sans l'aimer, ce jeune intellectuel, mort à vingt-cinq ans pour la France ! Certes, il est heureux qu'à côté de lui il y ait eu Péguy, Psichari, Marcel Drouet, et les jeunes Léo Latil, Jean Rival Cazalis, enfants tout lumineux. Sa liberté d'esprit, son isolement, sa nature fine et noblement voluptueuse sont tout de même une forme de courage bien élégante et bien forte. Et puis il se rattache à notre terre par sa culture; il écrit dans sa cagna en se servant de Montaigne comme d'un pupitre, il raffole de la *Chartreuse de Parme*. Seul, absolument seul jusqu'à cette heure, il nous représente, au milieu de la guerre, une attitude d'amateur qui fut celle, vis-à-vis de la vie, d'un nombre immense de jeunes lettrés. Leurs domaines imaginaires furent submergés par un flot d'émotion qui leur monta du cœur; ils se livrèrent, dans le vaste océan, à la commune passion. Où sont les cénacles de la *Revue Indépendante*, de la *Revue Blanche?* Roger Cahen continue, renouvelle, élargit une conception de l'existence que nous avons tellement aimée, il y a un quart de siècle. Il l'héroïse. Tombé au champ d'honneur, dans cette Argonne où, durant six mois, il avait inlassablement écouté dialoguer ses pensées, il est porté à l'ordre de la 18ᵉ brigade d'infanterie et pleuré, nous dit un sergent, par les hommes de sa compagnie.

..... Roger Cahen, Robert Hertz, Amédé Rothstein, toutes ces figures vigoureusement caractérisées offrent quelque chose de rare et de singulier. J'aime suivre en elles les âges divers, les étapes, la formation d'un personnage, le jeune intellectuel juif, qui joue un grand rôle depuis plusieurs années en France, mais je ne les donne pas comme représentatives de la communauté israélite française (14). Les vieilles familles enracinées par des générations dans le sol de France aimeront mieux prendre pour héros exemplaire et pour étendard, le grand-rabbin de Lyon, qui tombe au champ d'honneur en offrant un crucifix au soldat catholique mourant.

Dans le village de Taintrux, près de Saint-Dié, dans les Vosges, le 29 août 1914 (un samedi, le jour saint des juifs), l'ambulance du 14e corps prend feu sous le tir des Allemands. Les brancardiers emportent, au milieu des flammes et des éclatements, les cent cinquante blessés. L'un de ceux-ci, frappé à mort, réclame un crucifix. Il le demande à M. Abraham Bloch, l'aumônier israélite, qu'il prend pour l'aumônier catholique. M. Bloch s'empresse ; il cherche, il trouve, il apporte au mourant le symbole de la foi des chrétiens. Et quelques pas plus loin, un obus le frappe lui-même. Il expire aux bras de l'aumônier catholique, le Père Jamin, jésuite, de qui le témoignage établit cette scène.

Nul commentaire n'ajouterait rien à l'émotion de sympathie que nous inspire un tel acte, plein de tendresse humaine. Un long cortège d'exemples vient de nous montrer Israël qui s'applique dans cette guerre à prouver sa gratitude envers la France. De degré en degré, nous nous sommes élevés ; ici la fraternité trouve spontanément son geste parfait : le vieux rabbin présentant au soldat qui meurt le signe immortel du Christ sur la croix, c'est une image qui ne périra pas.

CHAPITRE VI

LES SOCIALISTES

Les socialistes étaient bien inquiets à la fin de juillet et au début d'août 1914, inquiets comme nous tous, et davantage, car ils s'étaient persuadés que l'Allemagne ne voulait pas la guerre, et que, si jamais le Kaiser la tentait, les camarades allemands s'y opposeraient jusqu'à déclancher une anti-guerre. Ils avaient souhaité, prêché le désarmement simultané des nations, et maintenant le tonnerre grondait, et ils s'apercevaient que leur internationalisme n'était pas pour tous les cas une solution à l'antinomie historique qui existe entre les peuples. Il fallait prendre parti.

Où se ranger et quelle voie suivre? Tous regardaient les chefs.

Ceux-ci, que pensaient-ils?

Essayons de tracer une esquisse sommaire de la pensée doctrinale des socialistes durant cette guerre.

En juillet 1914, quand la question serbe s'est posée, on est parti du vote de la fédération parisienne, où l'on a voté à la quasi-unanimité la grève générale en cas de guerre, et quelques jours après, fin juillet, à Lyon, Jaurès lançait la fameuse phrase que si la guerre arrivait tout de même, la France se souviendrait non point de son alliance avec l'empire russe, mais de son contrat avec l'humanité.

Il préconisait la rupture avec nos alliés russes. C'était nous faire courir un danger énorme.

Toutefois, il y avait un correctif : nous ferons ainsi, mais seulement dans le cas où les deux gouvernements russe et français ne demanderaient pas l'arbitrage. Si la

Russie offre, accepte de se soumettre à un arbitrage, elle est une nation pacifique.

Acceptera-t-elle ? Ce fut la grande préoccupation de Jaurès dans les derniers jours de juillet.

La Russie accepte... Dès cet instant, voilà les socialistes couverts. La France et ses alliés ne portent pas la responsabilité de la guerre. Aux yeux de tous éclate que ni les Français ni les Russes ne sont les agresseurs. De là l'attitude des socialistes. Ils prennent les armes pour une guerre défensive.

Deux heures avant de mourir, Jaurès a dit : « Cette diplomatie allemande est d'une brutalité et d'une hypocrisie que je ne me figurais pas. »

En conséquence, le 4 août, unanimité : pas de grève générale, pas de sabotage. S'il existe des chances de réaliser la République universelle et sociale, c'est à condition que nous ne soyons pas battus. Le socialisme ne peut plus triompher si nous sommes écrasés. Donc défendons le socialisme en défendant la France.

On a vécu sur cette pensée tous les premiers mois de la guerre. Pas l'ombre de difficultés dans le premier manifeste où les socialistes se sont montrés et qui fut lancé en décembre 1914. Et cela dura ainsi à travers le très dur hiver.

En février 1915, commencèrent des flottements. A cette date, il y eut en Suisse une entrevue de deux députés socialistes français avec des socialistes du Reichstag. Ceux-ci firent savoir à ceux-là qu'on ne pourrait faire la paix tout de suite. Nous ne connaissons pas tout le détail de ces entretiens, mais d'après ce qui en a transpiré, les socialistes allemands proposèrent de négocier sur les bases du *statu quo* occidental. Ils n'offraient pas l'Alsace-Lorraine : l'Allemagne la gardait et cherchait en outre des satisfactions sur le front russe.

Vaillant s'y opposa avec la plus violente énergie.

Un deuxième danger se présenta quand eut lieu la conférence internationale socialiste de Londres. Le pacifisme chrétien du Pays de Galles créa une atmosphère qui nuisit au manifeste du parti. Comment ne s'est-il trouvé personne pour montrer à ces esprits religieux et utopiques que le puritanisme a une tradition militaire, et que l'armée de Cromwell a été quelque chose comme une république sociale? Pressensé aurait su le dire.

Le texte mal satisfaisant qui sortit de cette conférence détermina à travers tout l'été de 1915, jusqu'au congrès du 1er janvier 1916, des manifestations peu claires. En même temps commença l'agitation de ceux qui sont allés à Zimmerwald et à Kienthal.

Un souvenir de Jaurès planait sur l'ensemble du parti et faisait barrage à cette manœuvre. On s'autorisait de sa mémoire pour se rallier à des mesures patriotiques. Sans rien pouvoir préciser exactement, on disait : « Jaurès aurait fait comme nous faisons. Les socialistes allemands disent que nous manquons à la doctrine, mais lui, il savait encore mieux qu'eux ce que c'est que le socialisme. Nous ne sommes pas dans l'erreur, lorsque nous collaborons à la défense nationale. Il eût été un Gambetta aux pensées élargies, adapté à des problèmes encore plus vastes que ceux de 1870... » Pourtant un congrès parut nécessaire aux chefs du socialisme français. Il fut réuni en janvier 1916.

Ce pouvait être paradoxal de réunir un congrès quand toutes les sections avaient leurs équipes mobilisées, mais cela maintenait le mécanisme légal du parti. La majorité donna raison à l'union sacrée, à la défense nationale à outrance. Seul, un petit groupement s'affirma partisan de la paix immédiate à tout prix.

Ces zimmerwaldiens et kienthaliens font la difficulté principale du parti socialiste. On a dépensé contre eux une énergie et une constance méritoires. A certains moments ils semblaient gagner. Mais à chaque fois qu'ils formulaient une proposition, le parti de défense nationale l'emportait. Si bien que le congrès de janvier 1916 aboutit à une résolution générale extrêmement belle :

« ... Repoussant à nouveau le dangereux divisionnisme des Zimmerwaldiens et des Kienthaliens, le congrès national condamne comme antisocialiste toute thèse qui ne proclame pas hautement le droit de se défendre pour un pays attaqué. Il affirme que le devoir du socialisme international est de déterminer quel est le Gouvernement agresseur, afin de tourner contre lui l'effort de tous les prolétaires de tous les pays pour préserver les peuples du déchaînement ou de la durée de la guerre... »

Dans ce congrès encore, il fut affirmé d'une façon irréprochable qu'il y aurait le plus grave danger pour le parti socialiste à se séparer de l'âme française.

Pourtant le conflit se poursuit. Dans les organisations laborieuses elles-mêmes, il oppose parfois les métallurgistes et les mécaniciens, les deux puissants groupements qui tiennent sous leur emprise les travailleurs des munitions. Et c'est ainsi qu'à cette heure on peut voir sur le parti socialiste des fissures qui dessinent quatre compartiments :

Droite hervéiste, avec Hervé ;

Droite gouvernementale, avec Sembat et Thomas ;

Gauche marxiste pure, avec Longuet ;

Gauche de Kienthal.

Les vieux tacticiens du parti (et par exemple Renaudel) croient fermement à l'utilité de l'union, et s'efforcent de la maintenir. Parfois au prix d'ambiguités, que l'on voit trop bien dans le congrès qui s'est déroulé en décembre 1916.

Pourtant, s'il est vrai que la pensée de ce congrès soit identique à celle de M. Sonnino en Italie (et Renaudel l'affirme dans l'*Humanité* du 20 décembre), nous pouvons être tranquilles. L'idée socialiste, m'assure-t-on, serait que l'Allemagne abattît les cartes, et comme ce sont des cartes truquées et qu'on le verrait, nous serions les plus forts...

... Voilà en toute sécheresse les variations doctrinales du socialisme pendant la guerre, telle que je crois les avoir constatées depuis mon banc de député, et je m'applique à tracer cette courbe aussi froidement que l'on dessinerait sur un atlas la marche d'une armée ou, dans un livre médical, les hauts et les bas d'une fièvre. Mais j'ai hâte d'aller au cœur du parti dont il fallait pourtant que je fisse comprendre les raisons, les conciles, le clergé ; mon objet propre est de chercher comment les doctrines de l'internationalisme et du pacifisme furent elles-mêmes, pour certains combattants, un ressort de guerre, un ravitaillement moral.

Au 4 août 1914, derrière les pontifes du socialisme que nous venons d'entendre, tous les militants se sont scandalisés et irrités. Quoi ! nul des accords convenus ne joue ! L'Allemagne déclare la guerre, et les socialistes du Reichstag y font adhésion. Les camarades d'avant-hier, à qui l'on serrait la main dans les congrès internationaux, s'engrènent dans la machine impérialiste et militariste ? Ça, c'est une trahison ! Aux armes, puisque la défection des frères allemands ne laisse pas d'autre ressource pour abattre les prétentions du Kaiser à l'hégémonie. En avant, puisqu'il faut faire la guerre pour reconquérir la paix définitive...

Mais le grand problème subsiste : comment des antimilitaristes vont-ils se soumettre aux disciplines de l'armée et servir des chefs qu'ils ont toujours niés ?

Au premier moment de la mobilisation, le 4 août 1914, un instituteur de Paris, secrétaire général de la *Jeunesse républicaine du troisième arrondissement*, M. Schiller, qui par la suite devait tomber au champ d'honneur, écrivait de la caserne deux lettres (publiées dans la *Lanterne* du 8 octobre 1916, sous ce titre : *Ceux de l'école sans Dieu*). Il exposait d'une manière touchante ses idées aux enfants de son école.

Mes chers petits élèves, je ne vous ai pas souvent parlé de la guerre. Lorsque vous vous battiez, même pour jouer, je vous ai toujours séparés et grondés, car la guerre est une chose affreuse que vous ne connaîtrez pas, je pense, parce que vous serez devenus tout à fait raisonnables, et les hommes des autres pays aussi, eux surtout.

Comme vos papas, comme vos grands frères, je suis parti. Pour le moment, j'attends dans une jolie petite ville de Bourgogne l'ordre de partir faire bravement mon devoir de Français et de bon citoyen, ordre qui ne tardera guère... Si je n'en reviens pas, conservez le souvenir de votre instituteur qui vous a bien aimés et qui vous embrasse tous en vous invitant à crier ; « Vivent les Républiques et les Peuples libres ! »

A. Schiller,
Sergent au 89e, 26e compagnie.

Et puis, le même jour, virilement, il

expliquait ses sentiments dans une autre lettre adressée à son ami M. Nail :

> Je vous avouerai sans honte que c'est dur de quitter les siens avec l'idée que peut-être on ne les reverra plus... Mais le seuil de la caserne franchi, on n'est plus le même homme. A voir les arrivées successives de mobilisés, comme je les ai toutes vues, cela vous remue le cœur et vous enflamme et on ne demande qu'une chose : délivrer la terre de la clique impériale qui nous embourbe depuis si longtemps sous le poids formidable des armements.

« On n'est plus le même homme! » Cette phrase prise isolément supprimerait le problème que nous examinons ; le contexte pourtant ne laisse aucun doute. M. Schiller, le cœur tout vibrant, prend le pas, s'associe au rythme de ses frères d'armes, mais ses principes, loin qu'il les abandonne à la porte de son dépôt, lui fournissent son ravitaillement moral. Et, comme lui, beaucoup de ses coreligionnaires pacifistes trouvent dans leurs doctrines et passions de la veille le foyer où ils vont réchauffer leurs pieds demi-gelés, leurs mains gourdes, leurs âmes.

Pierre Génin, libre penseur, antimilitariste, ne veut pas voir dans la guerre, qu'il exècre, une défaite de ses idées, mais une occasion solennelle de les défendre et d'en assurer le triomphe.

Je pars vaillamment, écrit-il, avec l'espoir que notre dévouement, et peut-être notre sacrifice serviront à nos enfants. Puissent-ils, eux, vivre la paix que nous avons rêvée. Si notre jeunesse, si notre force servent à assurer leur existence d'homme, nous nous serons battus pour notre idéal qui reste vivant, souriant, à travers les éclairs et le tonnerre. Dans la tourmente, cet idéal ne fait pas faillite. Et maintenant, bon pied, bon œil contre les barbares. *(Lettre citée par M. Séailles dans l'Union morale de janvier 1915.)*

En septembre 1914, M. Génin mourait au Champ d'honneur.

Les socialistes définissent Edmond Lapierre, « un des meilleurs d'entre les militants de la jeune génération », et disent que « dans la région d'Ivry et de Villejuif, nul n'avait lutté avec autant de dévouement et d'intelligence ». Le 9 janvier 1915, à cinq heures et demie du matin, au lendemain du premier combat de Crouy et lors de la prise de l'éperon 132, un sous-officier demanda un volontaire pour inspecter les abords de la tranchée. Lapierre monta sur le talus, son fusil à la main. Ayant aperçu l'ennemi, il tira tant qu'il eut des munitions; au moment où il allait rejoindre ses camarades, une balle lui traversa la tête et blessa son lieutenant qui se trouvait à son côté. Son capitaine, dans la lettre où il annonce sa mort, déclare qu'il est « glorieusement tombé en vendant chèrement sa vie ». Peu avant cette belle fin, Lapierre avait écrit à ses amis de l'*Humanité* cette page testamentaire :

Nous sommes soldats des armées de la République menacée par le militarisme allemand, mais nous restons tous inébranlablement attachés à notre grand idéal et à l'organisation qui en est la forme vivante... Socialistes au cœur humain et au sentiment généreux, nous avons un devoir sacré à remplir, au milieu de tant de colères et de haines : éviter que les bas instincts ne sèment dans l'âme de nos camarades de combat les idées de vandalisme et de sauvagerie. Notre présence a souvent coupé court à des scènes dont l'horreur est épouvantable. *(L'*Humanité *des 25 novembre 1914 et 24 février 1915.)*

Un socialiste soigné pour blessure de guerre dans un hôpital de l'Ouest, écrit :

Pendant trois mois, il m'a fallu tuer... On se dit, pour se donner de l'ardeur, que l'œuvre que l'on accomplit est une œuvre libératrice; qu'elle a pour but d'abattre un impérialisme odieux ; que, cela fait, le champ sera libre pour nous, pour l'accomplissement de nos projets de rénovation sociale ; que, sur les charniers où nous nous sommes roulés, pourra fleurir enfin l'égalité. Nous nous répétons cela, nous socialistes soldats, car nous avons besoin d'y croire. Oui, il faut que cette guerre marque l'affranchissement définitif de l'humanité... *(L'*Humanité *du 19 novembre 1914.)*

La figure et les paroles d'Alfred Salabelle sont particulièrement caractéristiques. Il avait vingt-sept ans, était instituteur dans l'Ardèche, à Andance, et rédigeait les « chroniques de l'enseignement » dans la

Bataille syndicaliste et l'*École émancipée*. Le 13 novembre 1914, il écrivait à un de ses écoliers :

> Nous travaillons, nous, pour que cette guerre soit la dernière et que les écoliers d'aujourd'hui n'aient pas plus tard à passer des mauvais jours comme nous à la pluie, au froid et sous les balles. Nous travaillons pour que plus tard il n'y ait plus nulle part de ces empereurs ou de ces rois qui font tuer le monde pour leur plaisir. Les petits garçons de l'Allemagne le comprendront aussi, quand ils verront le mal que leur empereur fait à son peuple...

Et, le 14 décembre 1914, une semaine avant qu'une balle lui brisât le front, il déclarait à ses amis de la *Bataille-Syndicaliste* :

> J'ai reçu l'article du Vieux de la Vieille sur la *Banqueroute frauduleuse de la Sozialdemokratie*. Souvent, depuis quatre mois m'était revenue à l'esprit la discussion qu'avait provoquée le « cas » d'Andler. Quelle confirmation sa thèse a reçue ces temps derniers ! Et combien aussi les faits viennent justifier les critiques que les anciens de l'Internationale formulaient contre le Socialisme allemand ! Nous sommes à une période où l'on peut s'instruire.

Pour ceux qui survivront, il y aura de belles heures à passer : les Barrès et autres en sauront quelque chose, les Sudekum et leurs suiveurs aussi. (La *Bataille Syndicaliste* du 8 et du 12 janvier 1915.)

Que de réflexions nous suggère ce vaillant soldat, quand du milieu de la dure guerre il trouve un joyeux réconfort dans la perspective du combat qu'il livrera, aussitôt la paix venue, à ceux de ses compatriotes dont il se compose une image qu'il déteste ! Injuste adversaire qui me met à égalité dans ses propos avec les Sudekum ! Mais qu'elle soit bénie, cette animosité, si elle donnait du plaisir et du réconfort, si elle servait de tonique au vaillant que je salue avec une parfaite amitié. Je crois qu'Alfred Salabelle me dénaturait dans son esprit, mais nous serions impardonnables si nous risquions de méconnaître sous de rudes paroles une nature profonde. Dans ces âmes repose un rêve, un type de société auquel je ne crois pas, mais que j'aime en tant qu'il fait leur consolation et qu'il est leur ciel au-dessus des tranchées. Et surtout je sens ce qu'il y a de grandeur morale dans le cas de ces antimilitaristes et pacifistes qui adaptent leur idéal aux nécessités de l'heure présente pour lui assurer l'avenir. Le vieux Corneille donnerait une place dans son œuvre à ces hommes raidis, cabrés, furieusement concentrés dans l'idée qu'ils ne veulent pas obéir, et qui se soumettent souvent avec une espèce de tendresse virile aux disciplines de l'armée et aux ordres des « galonnards ».

La *Bataille Syndicaliste*, le journal d'Hervé, d'autres encore, ont publié plusieurs fois des lettres où des soldats socialistes jugeaient leurs chefs et rendaient hommage à leur utilité. Les officiers ont une technique, possèdent des recettes dont chacun peut faire son profit. Cela frappe le bon ouvrier, lui inspire la sorte de considération qu'il éprouve à l'usine pour les connaissances de l'ingénieur. Un travailleur, quelque opinion qu'il professe, reconnaît dans son métier l'homme de valeur. Il sent tangiblement la supériorité du savoir et ne s'y dérobe pas. S'il a un bon patron, quitte à le contredire à part soi pour la politique, il vit en bons termes avec lui, et réciproquement le patron avec l'ouvrier. Entre gens qui aiment le travail, il y a une justice professionnelle, une mesure commune des valeurs. On se reconnaît, on se juge, on peut s'estimer, on désire faire ensemble de la « bonne ouvrage ». Un officier qui est à la hauteur de son rôle de chef, c'est-à-dire d'entraîneur d'hommes, a vite fait de discerner dans l'ouvrier révolutionnaire ces ressources d'énergie et de générosité. Aujourd'hui, dans l'armée, à la discipline stricte se substitue quelque peu, çà et là, un art plus délicat du commandement à la française.

Le capitaine Robert Gauthiot était dans le civil directeur d'études adjoint à l'École des hautes études. Germanisant de haute valeur, il avait beaucoup élargi son champ d'études, jusqu'à devenir un des meilleurs linguistes de l'école de Meillet, et, au moment de la déclaration de guerre, il se trouvait au Pamir, occupé à déchiffrer des textes sogdiens, pareils à ceux que M. Pelliot a déposés à la Bibliothèque nationale. Aussitôt il se met en route. A son passage à Petrograd, on lui offre de servir dans l'armée russe ; il refuse, arrive en France, rentre dans le rang comme lieutenant, se bat sur l'Yser et partout avec le glorieux 20ᵉ corps. Une blessure au front qu'il reçoit, quand un obus jette bas son gourbi, le fait longtemps et terriblement souffrir, puis il meurt. Voilà l'homme. J'ajoute que socialiste, il connaissait parfaitement les ouvriers socialistes. Or, voici ce qu'il disait : « S'il y a de la rouspétance chez les hommes, il faut les prendre par l'amour-propre. Dans les moments difficiles, quand le geste d'autorité tout sec ne donnerait rien de bon, je m'adresse à la plus forte tête, je lui explique mon idée sur le terrain :

C'est là le point le plus important, et je n'ai plus de tête à y mettre ; choisis tes meilleurs camarades, ceux que tu voudras, et vas-y ; d'heure en heure, tu m'enverras un des tiens pour me rendre compte, et tu tiendras. Je ne puis compter que sur toi, parce que tu es le plus malin. »

M. Gauthiot disait encore : « Pour le socialiste à l'armée, la confiance ne vient pas des galons. Il attend ses supérieurs à l'épreuve. »

En conformité de ces vues, j'ai entendu un prêtre sous-officier raconter que dans certaines compagnies les hommes se fient de préférence à certains d'entre eux, parfois de simples soldats, qui ont montré l'art de se débrouiller. Alors les officiers s'adressent à ceux-ci : « Que penses-tu ? Si tu penses cela comme moi, va donc le dire à tes camarades. »

Ici, nous touchons sans doute au fond de notre race, plus guerrière que militaire. Cet amour du beau travail, ce besoin d'une discipline librement consentie et en quelque sorte discutée se trouvent chez beaucoup qui ne sont pas socialistes. J'aime en prendre pour témoin un jeune homme, porteur d'un nom illustre. Le petit-fils du philosophe Jules Lachelier, François Lachelier, mort à dix-neuf ans au champ d'honneur, écrit à sa mère, au matin même du jour où il va être tué (le 8 juillet 1916) :

Les gens de ma pièce... matois, finauds, rouspéteurs, frondeurs, toujours prêts à se plaindre de la soupe ou de la guerre ou des officiers, mais au fond bons cœurs et qui savent supporter en blaguant les pires fatigues et se tirer des cas les plus difficiles. Si tu voyais avec quelle ingéniosité ils ont su arranger les abris, disposer les pièces ! Il y avait rivalité entre les pièces, à qui ferait les plates-formes les plus horizontales et les circulaires les plus rondes, tous prenant des airs détachés et blasés, mais au fond jubilant dès qu'un compliment est adressé à la pièce, quand le tir est bon, juste et précis.

De même quand ils lisent les journaux, ils accueillent les nouvelles avec une feinte indifférence, mais se trouvent à table très bien informés et discutent avec compétence et intelligence des questions de mouvement.

Si tu les avais vus pendant l'attaque de l'autre jour, c'étaient d'autres hommes ; on voyait dans leurs yeux de la joie et presque de l'enthousiasme, et je t'assure qu'ils ne songeaient plus alors à se plaindre de la longueur de la guerre, mais que tous se laissaient prendre à l'intérêt passionné de la grande partie qui se joue.

Je t'assure que, dans une attaque, on sent bien la liaison entre les armes et la participation de chacun au plan qui développe progressivement la pensée des chefs. C'est là qu'on pourrait employer la fameuse expression d'ouvrier conscient et organisé ; chaque soldat est bien une pièce consciente de la grande machine, et, dans une abnégation totale de lui-même, consent à n'être qu'un rouage mû par une volonté étrangère.

C'est la gloire de notre époque d'avoir pu amener tant de millions de gens à se sacrifier complètement à une idée et, pour elle, à se soumettre à l'esclavage le plus rude et le plus exclusif qui soit : mais la vraie liberté consiste à se soumettre et à se résigner à ce que l'on a jugé inévitable, et à consentir à n'être qu'une pièce du mécanisme dont on aurait pu être l'ingénieur... (*Lettre communiquée.*)

Tout ce beau texte évidemment déborde un parti et c'est tous les Français qu'il décrit, mais il aide à comprendre comment des ouvriers révolutionnaires font souvent d'excellents soldats, collaborateurs dévoués de leurs chefs. Il peut y avoir une période d'aigreur à traverser. Cette aigreur existe dans le travail industriel et mène au sabotage. Mais les ouvriers, à toutes les époques, ont connu le sabotage et, pour finir, l'ont toujours rejeté ; le socialisme déclare que ce n'est pas par la corruption des méthodes de travail que le salut de la classe ouvrière peut être assuré. Et les révolutionnaires, quand ils ont à faire la guerre, s'y mettent bravement parce que c'est la tâche du jour et qu'il est de leur nature de mettre leur amour-propre dans leur travail.

Et puis la guerre, à leur insu, souvent les modifie. Ils ont beau dire qu'ils sont les mêmes et trouver, à le croire, une grande satisfaction, nous voyons bien que beaucoup d'entre eux sont à la fois pareils et différents, comme un arbre dans une saison nouvelle (15). Ils viennent d'affirmer devant nous, tout en se battant, leur internationalisme et leur pacifisme; mais tout de même les événements sont de grands maîtres, et, pour échapper au joug intolérable du kaiser, ces révolutionnaires soldats ont dû consentir de sérieuses retouches à leur conception de la vie. Ils ont compris que le problème de la discipline militaire se pose de la même manière que le problème de la discipline industrielle, et bien qu'ayant l'âme toute pleine de justice égalitaire, ils se sont rangés sous des chefs que la veille ils croyaient exécrer. La « rouspétance » leur a déplu au même titre que le sabotage. Ils ont accepté la discipline de l'armée, tout comme la discipline de l'atelier, parce qu'elles sont, l'une et l'autre, dans les nécessités du travail. Alfred Salabelle pensait pour un grand nombre d'eux, quand il disait le mot que nous citions plus haut : « Nous sommes à une période où l'on peut s'instruire. »

Eh bien! nous ne voulons pas être de

ceux pour qui la leçon de la guerre est une leçon que la guerre leur permet de donner aux autres ; nous la recevons, nous aussi et de nos adversaires d'hier avec empressement, s'ils ont quelque chose à nous dire qui puisse élargir nos vues. Nous sommes des familles diverses, mais alliées, parentes, où circule un même sang, et souvent nous avons dans l'âme, à notre insu, ce que nous contredisons dans des âmes voisines. Les socialistes surtout, nous devons les comprendre, parce que leurs idées flottent dans l'air, et nous ont mille fois effleurés. Leurs idées, ce sont des oiseaux posés sur leur épaule et qui leur chantent un chant de consolation. Qui de nous n'a pas eu un instant ce beau chant près de son cœur? Ils sont, comme nous, des hommes formés par le travail. Et chez plusieurs d'eux, cette guerre apporta une illumination si belle que nous voulons en profiter pour mieux épeler le livre de la sagesse.

J'ai lu dans les *Entretiens des non-com-*

battants (mai-juin 1916, 21, rue Visconti) les carnets où Albert Thierry, instituteur syndicaliste et le plus violemment sincère des syndicalistes, crayonnait comme un testament ses suprêmes pensées de politique et de morale et recherchait quelle justice doit être réalisée dans le monde pour que la paix définitive s'établisse. Cinq petits traités nobles et naïfs, ailés et trébuchants, l'éducation d'un oiseau, je veux dire un effort pour aller en plein ciel et mieux voir.

Thierry meurt, rend l'esprit avant que son esprit ait conquis la maîtrise de ces grandes hauteurs. Comprendre dans quelles conditions la paix s'établira entre tous les Etats et dans chaque Etat, c'est une entreprise qui passe l'horizon d'un soldat et d'un instituteur. Je l'écoute mieux quand il veut faire la paix entre les Français, car ici son expérience propre est valable.

Les Français d'après l'an XV, dit-il, qui se sont tenus un an par la main depuis la mer du Nord jusqu'au Rhin, quels que fussent d'ailleurs

leurs intérêts économiques, leur opinion politique, leur croyance, leur idéal, n'entendent plus se brimer ni se tourmenter les uns les autres : la vieille haine française, qui avait sa noblesse, la lègue à une tendresse française que ni la France ni l'univers n'ont encore connue.

Les Français de religion protestante ont prouvé dans cette guerre qu'ils aimaient la France, le protestantisme et la justice du même amour : ils deviennent également chers à tous les Français. Les Français catholiques de l'an XIV ont démontré qu'ils aimaient la France, la justice et Jésus du même amour; ils deviennent également chers à tous les autres Français. Les Français sans foi de l'an XIV et de l'an XV ont démontré qu'ils aimaient du même amour la France, la justice et la liberté de l'esprit ; ils deviennent chers à tous les Français fiers de leur foi, comme eux sont fiers de leur pensée. L'unité française se forme dès lors, ainsi qu'une fois déjà elle s'est formée à la Fédération du 14 juillet 1790, non pas sur la même religion sociale exprimée, mais sur le même amour de la France, sur le même amour de la justice...

Cette conciliation ne deviendra jamais sans doute une assimilation et une confusion : il faut des fleurs diverses au jardin de la terre.

Et puis, soudain, voici qu'il dit : « Toutes ces paix du dehors ne valent rien, s'écroulent, si nous n'avons pas chacun la paix en dedans de nous-mêmes. »

A ces mots inattendus d'un révolutionnaire, je m'arrête. Ce ne sont plus là des réflexions de cabinet, des aperçus, des vues, des ingéniosités, mais bien des choses que cet homme a éprouvées avec tout son être. Je désire entendre ; je m'assieds au talus du fossé auprès de ce Vauvenargues de la retraite de Charleroi.

Que savons-nous d'Albert Thierry ?

« Une mâchoire serrée, des yeux où rayonne une flamme claire, un orgueil prompt à s'offenser », ainsi le décrit Paul Desjardins, qui l'a beaucoup connu et aimé. C'était une conscience pure et dure. Ses amis se souviennent de lui, aussi loin qu'ils regardent, comme d'un homme fait. Il n'avait pas eu d'adolescence, me disent-ils. Ce trait immédiatement nous emporte dans ces profondes parties de notre race (plus estimables qu'agréables) qui produisirent les Arnauld et tout le monde janséniste, Pascal mis à part, les Lamennais, les Proudhon. Thierry, comme ce dernier, appartenait au peuple. Son père est un ouvrier maçon du 17ᵉ arrondissement. Lui-même, voulant être instituteur, se donna pour tâche d'entretenir chez les fils et les filles des prolétaires la fidélité au prolétariat.

Nous avons dit comment le digne ouvrier français respecte en lui-même une qualité de bon travailleur, une aptitude à créer qui est le résultat d'une longue sélection, le fruit de sa propre vie et des vies de ses aïeux. Un esprit comme Thierry, quand il se trouve au bout d'une lignée pareille, arrive à en faire la théorie ; c'est la réflexion de l'activité la plus pure de la classe ouvrière. Il en vient à donner à ce respect du travail manuel une nuance presque religieuse. Conférez telle page bien belle d'Andler sur une nouvelle moralité socialiste (dans *la Civilisation socialiste*, chez l'éditeur Marcel Rivière). Il y a du renoncement moral dans ce respect du métier, dans ce désir de bien faire. C'est une veine austère qu'un Prudhon semble avoir recueillie des corporations du moyen âge et qui cotoye dans le socialisme une veine assez libidineuse héritée de Fourier.

Thierry constatait avec anxiété qu'une partie notable de la masse ouvrière est devenue infidèle à cet idéal de civilisation par le métier bien fait. Des travailleurs ressentent un dédain de demi-savants pour le travail manuel, et de cela il souffrait si fort qu'il se jeta délibérément dans le syndicalisme et lui demanda la régénération de l'école française. Celle-ci, à ses yeux, était un instrument dangereux de déclassement et de déracinement (16).

Ces vues sont dignes d'attention. Albert Thierry s'était donné une magnifique mission. Partagé entre la vie de famille, dont il avait une idée forte et saine à la Proudhon, et ses études « sur l'enseignement » qu'il donnait aux feuilles syndicalistes, il s'est maintenu avec orgueil dans la classe ouvrière. Appuyant sa tête contre le cœur de ses frères, et puis écoutant son propre cœur, il a constamment chauffé et perfectionné à ce foyer d'humanité une conception fort belle qu'il s'était faite de la sainteté du travail et de la sainteté du peuple qui travaille. Nul arrivisme ; respecter profondément la condition d'où l'on sort, rester en contact avec sa corporation de naissance. Thierry se sentait placé au service de quelque chose de grand qu'il anticipait. Il y avait chez lui de l'esprit monastique. A ce degré, une opinion politique est une foi. « Il a joué son salut, nous dit Paul Desjardins, sur une promesse unique : savoir, que la vraie vie spirituelle qui seule explique le monde et contente l'homme, est fille, non des loisirs élégants comme les sociétés aristocratiques l'ont cru, mais du normal labeur ».

Pour notre part, nous pensons que la plus haute pensée, celle qui explique le monde, est fille du laboratoire scientifique et de l'oratoire religieux, et pour sauver la civilisation complète nous défendons à la fois le Collège de France et les petites églises de village. Mais c'est vrai que le travail et le labeur normal font les mœurs et les courages, sans lesquels rien n'est possible et d'où naissent les supériorités, et je reconnais, je salue tout ce qu'il y a de réel et de bienfaisant dans cet orgueil de classe, dans cette piété du travail manuel qui rattachent l'enfant à la stabilité et l'empêchent de se jeter aux courants rapides. Les espérances et les volontés de l'instituteur Albert Thierry sont admirables.

Admirables, avec des taches, bien sûr! Allez donc, à vingt ans, avoir du feu et nul excès! Les excès de Thierry, il faut les connaître. On n'apprécie exactement une force que si l'on connaît, en même temps que son poids, sa direction et ses déplacements successifs. En 1903, à vingt ans, Thierry, s'était déjà voué à l'établissement de la paix par un code, ou mieux une religion du travail; mais, se hâtait-il d'ajouter, ne vous méprenez pas : « Il y a un amour de la paix optimiste, conservateur et lâche ; je le redoute. Dans la Fédération future je n'accepterais pas de vivre s'il n'y fallait pas combattre les exploiteurs, les hypocrites, les imbéciles, et les Chrétiens ».

C'est ainsi qu'il parlait, ce jeune instituteur, au cours d'un voyage en Allemagne et sans doute sous l'influence de Nietzsche, et maintenant vous allez le voir, sous l'influence de la guerre, qui rectifie sa pensée et son tir.

Dès le 12 août 1914. ces premiers mots, un billet rapide : « Je pars dans un quart d'heure, 28e d'infanterie, 26e compagnie, Evreux... Si nous étions vaincus, c'est qu'il n'y aurait pas de justice, et vivre en un monde sans justice, ce n'est pas la peine... » Quel superbe frémissement de roseau pensant !

Le 4 septembre 1914, à la ferme d'Orbais, dans le Tardenois, il tombe blessé à l'épaule, est pris par les Allemands, et dix jours après, délivré par une contre-attaque française. Il sortit de ces dix jours de captivité en disant à son ami Félix Bertaux : « Tu ne peux te figurer à quel point ils sont cruels et stupides. » Et, dans d'autres lettres : « Il faut d'abord vaincre, nous leur pardonnerons après. Nous nous défendons premièrement contre des monstres, des monstres sensés qui vont au fond de tout, même du crime ». — « Cette race est basse, elle sera vaincue et déshonorée. »

Au 19 novembre 1914, il fait cette réflexion : « La plus grande grandeur de cette guerre, il me semble, je la vois dans ceci qu'elle rend immédiat, universel l'ordre de la mort, et possible l'ordre de la justice. Et moi, je consens à tous deux d'un cœur bien réfléchi ».

Au même moment, le 17 novembre, il crayonne sur un carnet cette note : « Dans un élan irrésistible, j'écris ces *Conditions de la Paix*... Il ne s'agit pas de les faire admettre, mais tout simplement de les penser, de savoir ce que nous voulons dire quand nous parlons de notre justice... » Et de cet éclair de novembre, son livre sort tout entier. Son livre, qu'il songeait à nommer « *la Volonté de justice* », comme un bouclier, une épée à opposer à « *la Volonté de puissance* » de ce Nietzsche qu'il comprenait maintenant.

Les ouvriers (pauvres ou plus exactement prolétaires), renonçant à réclamer pour eux seuls le bon nom de producteurs, voudraient que la force-travail individuelle, leur unique propriété, contribue également à l'exploitation collective, à la prospérité française.

Patrons et ouvriers, avant de se réconcilier, réprouvent donc les uns et les autres leur ancien individualisme, cause si agissante de leurs maux.

Les Français de l'an XIV et de l'an XV, catholiques, protestants ou juifs, ont tous décidé qu'ils combattaient pour la Justice : pour une ancienne Justice méconnue, pour une nouvelle Justice inconnue à fonder : pour les Droits de l'Homme et les Droits des Peuples.

Le Français digne de ce nom, fier de son histoire, fier de sa pensée ou de sa foi, le Français veut être juste ou ne pas être.

Il naît comme il peut, dans une patrie à grand effort défendue, à grand effort pacifiée, chargé cependant de l'inégalité corporelle et intellectuelle qui est dans la nature, des inégalités économiques et historiques qui sont dans la société.

Il reçoit, quelle que soit sa naissance, une éducation fondée essentiellement sur le travail, la science et l'histoire ; et par elle, son esprit et son cœur s'ouvrent à l'égalité, à la vérité et à la justice.

La morale, fondée clairement sur le principe nouveau du « refus de parvenir », fait de chacun de ces Français un citoyen méprisant de jouir, désireux de servir, préoccupé de son travail, désintéressé de lui-même, digne de l'amour...

Pourquoi la censure a-t-elle zébré, déchiqueté ce testament d'un génie innocent ? Cet essai de morale sérieux, émouvant, c'est un bel arbre français. Qu'a-t-il pris de sève par ses racines dans la terre profonde ? Qu'a-t-il reçu de son feuillage offert aux quatre vents du ciel ? Je voudrais distinguer ce qu'il y a chez Thierry de propre et de réel, et puis de livresque et d'oiseux. Souvent il a pensé, ce qui s'appelle penser ; souvent ce qu'il exprime, ce sont

les expériences de l'instituteur, de l'homme
« en proie aux enfants », comme il disait,
et de l'honnête homme en proie au scrupule. Je ne m'inquiète pas beaucoup de ce
qu'il met en arguments logiques. Mais que
de beautés morales ! Je regarde se former
en lui un chant qui ne jaillit pas, mais dont
le murmure peut instruire et faire vivre ses
frères. Penseur ? Je ne sais pas. S'il s'agit
de vertu, c'est un maître.

Que le peuple refuse de parvenir, que la bourgeoisie renonce à son parvenir : la paix française
est établie à jamais... Refusant de parvenir,
l'homme est beaucoup plus fermement lié à la
famille de son père et de sa mère : on peut dire
qu'il ne la quitte pas et qu'elle soutient son esprit
ou son cœur à chacun de leurs battements. Refusant de parvenir et même par le travail, l'homme
en arrive à tenir bien davantage à son travail ; il
conçoit son métier... comme le moyen de contribuer
à l'institution de la justice. Refusant de parvenir,
l'homme qui travaille pour le peuple d'où il est
sorti par l'éducation, où il revient par le sacrifice,
apprend à le préférer dans ses vertus et se promet
de le guérir de ses vices... Dès lors, un élargissement se produit du métier à la classe, de la classe

à la nation, de la nation aux diverses confédérations nationales et à la confédération terrestre : l'ambition individuelle et les ambitions nationales se taisant, leur conflit cessera et le travail terrestre s'accomplira pour la première fois dans la paix,

Tout d'un coup, le 26 novembre, il s'élève sur son sommet et s'épanouit dans la note suivante :

« *Considérant la guerre, je ne veux plus être révolutionnaire pour la classe ouvrière seule, mais pour tout l'homme. La justice est le bien de tous. Il y a une injustice capitaliste, pourquoi n'y aurait-il pas une injustice ouvrière ?* »

Voilà l'effort, le cri d'une conscience en travail, sous le coup de la guerre. Nul de nous ne peut lire ce texte et passer outre. Il faut le retenir. N'eussions-nous rien de plus à garder de Thierry, il est sauvé de la mort. Nous l'inscrirons sur la liste de ceux dont nous sommes les débiteurs.

Après cela, peu m'importe le reste. Je ferme le livre et j'admire qu'un tel cœur batte dans le socialisme. Ami, laisse ta logique, tes systèmes naïfs et bornés; à ce degré, c'est un chant qui seul te traduirait. Il le sentait. Peu avant sa mort, relisant son ouvrage *la Paix intérieure*, il écrit en marge : « O alouettes de ces matins, chères alouettes françaises, inspirez-moi mieux. » A ce cri, je le comprends : il s'arrache aux partis, ce plébéien que la campagne vivifie, ce fils d'une race de paysans et de soldats, cet ouvrier qui s'acharne sur ses carnets pour faire du bel ouvrage, pour créer, pour saisir une vérité. Je le vois désormais au milieu des plus nobles, à la table des dieux qui diffèrent tous et sont tous des égaux et qui jugent le monde avec magnanimité.

Et, plus loin encore, ce redoublement de chaleur : « Que je suis content d'écrire cet Essai au chant de l'alouette et au grondement du canon ». Et enfin, de ces mouvements extraordinaires de son âme, s'élance la plus belle flamme : « Les obus tombent pas loin. Je serais content (si je dois mourir ici) de mourir en définissant (bien) cette Justice bien-aimée. Mais ne trouves-tu pas que ce serait une mort trop bien choisie ? »

Quel soliloque ! Il obtint cette mort le 26 mai 1915, à Aix-Noulette, durant la bataille d'Arras.

Il serait beau qu'un Albert Thierry pût introduire dans la pensée socialiste sa pensée ainsi purifiée par la fournaise de la guerre. Nous y sommes tous intéressés. Dans les papiers de Sainte-Beuve, on a trouvé une note, qui demeure juste et qu'il semble qu'Albert Thierry ait méditée : « La bourgeoisie se corrompant si aisément par sa tête (et aujourd'hui, en 1917, j'ajoute : la France étant si fort décimée), le recours est dans le bon sens et la vigueur des masses qu'il faut éclairer le plus possible *et animer d'un souffle à elles* (c'est tout le programme de Thierry) en tâchant de corriger la brutalité sans attiédir la force ».

VII

LES TRADITIONALISTES

« Le passé ne meurt jamais en nous », répétait Fustel de Coulanges. C'était la devise, c'était l'âme des études de Joseph Déchelette, qui fut tué le 3 octobre 1914 à la tête de sa compagnie. Déchelette élevait le monument de notre plus ancienne histoire. Il s'était dévoué à l'étude du monde celte et des temps préhistoriques chez nous, disant que du paléolithique au gaulois et au romain la filiation ne saurait s'interrompre. Et quelques jours avant de tomber au champ d'honneur, il écrivait à Camille Jullian, en date du 20 septembre 1914 :

L'heure n'est plus guère à l'histoire des temps antiques, quand celle de notre patrie s'accroît de jour en jour de pages si glorieuses. Mais le passé est inséparable du présent. Je ne doute pas que cette bataille de la Marne, livrée sur l'emplacement des grandes nécropoles gauloises, ne vous ait donné, comme à moi, une patriotique et réconfortante vision. Épée de La Tène ou fusil modèle 1886, c'est toujours la même lutte de l'âme celte contre la brutale agression des Germains... Heureux les jeunes qui prennent part à ces luttes formidables !...

J. DÉCHELETTE.
Capitaine au 104ᵉ régiment territorial d'infanterie.

Cette lettre avec sa belle finale, « Heureux les jeunes !... » met d'une manière vivante sous nos yeux le sentiment de ceux qui tiennent leur terre pour un sanctuaire et reçoivent leur loi des morts qu'ils révèrent. Elle nous prépare à comprendre l'appu que certains esprits trouvent au cours de cette guerre dans leur « traditionalisme ».

François Baudry, neveu du peintre célèbre, était un jeune savant de vingt-quatre ans. Né à Versailles, il s'était choisi, retrouvé une petite patrie et avait donné son cœur à la Vendée d'où venaient ses grands-parents. De là son cri, quand la guerre éclate et qu'il vient de rejoindre à Gérardmer son régiment : « Si je tombe, ce sera en bon Français, en bon catholique, en bon Vendéen... La mobilisation dans les Vosges a été splendide... Nous avons coupé le poteau frontière de la Schlucht, nous le replanterons au Rhin... Absolument calme, j'espère avec la grâce de Dieu montrer l'exemple que je dois par mon grade infime (il était caporal), par ma situation sociale et par mon titre de petit-fils des Géants du Bocage. »

Tout tient dans ces quelques lignes : l'hommage à la Lorraine, bastion de la France, la définition en trois étages de son patriotisme, son but de guerre.

François Baudry ne cesse de répéter qu'il se bat pour des réalités ; il veut recouvrer l'Alsace, être digne de sa petite patrie la Vendée, et puis remplir sa mission de gradé. C'est ce que viendront nous dire tous les traditionalistes. Ils ont reçu et veulent transmettre. Ils ont reçu la France, leur trésor familial, et veulent laisser une France plus belle et une famille plus riche en mérites. Mais pour que tout soit clair et solide à la base de notre description, laissez que je vous fasse connaître amplement le lieutenant Pierre Fourier de Rozières, un Lorrain de Mirecourt, destiné à être l'honneur des lettres lorraines et françaises, et dont la brève carrière militaire fut prodigieuse, comme l'attestent quatre citations, dont une à l'ordre de la division et trois à l'ordre de l'armée.

Au premier jour, Pierre de Rozières prend part à la marche sur la Lorraine allemande, puis à la défense de Nancy ; il est blessé, le 7 septembre, dans les bois de Saint-Paul contre Romémont. « Nous étions dans une clairière et presque corps à corps. J'avais même échangé à bout portant trois coups de revolver avec un officier bavarois qui m'avait manqué ». A l'hôpital où il est évacué, il apprend qu'une propriété de famille a été saccagée. Ses impressions se ramassent dans cette lettre à son père :

> Rien n'est désespéré quand la sève est là ! Prions Dieu pour qu'elle reste toujours bien saine, la sève de la famille, et toujours française, cette terre lorraine qui nous coûte tant de larmes. Je vous embrasse, mon cher père, en vous assurant que si Dieu me garde la vie, ce ne sera que pour vous continuer entièrement : amour du sol et crainte de Dieu...

L'idée chrétienne se mêle avec une impétueuse beauté à tout son patriotisme terrien et familial :

> L'heure d'un sacrifice général a sonné pour tous. Le meilleur sang est celui qui compte le plus aux yeux de Dieu comme holocauste. C'est à cela que je dois la vie, peut-être bien. Paul Michaut (son cousin des cristalleries de Baccarat) a été une des victimes par lesquelles Dieu nous accordera la victoire... Si je dois servir et bien servir à quelque chose dans l'avenir, j'ai la ferme conviction que je serai épargné. Mais si ma vie ne doit pas répondre à l'idéal que je me suis proposé, le bon Dieu me

fera la grâce de me reprendre à l'instant même où j'accomplirai un devoir utile... Pourquoi m'inquiéter ? Evidemment il y aura beaucoup de souffrances à endurer pour les meilleurs des Français ; n'étant pas des meilleurs, ce n'est pas moi sans doute qui souffrirai le plus... *(Et gentiment il ajoute)* ; C'est une consolation, vous le voyez, qui n'en est pas une.

Toute sa pensée se résume dans cette double formule : « La guerre est une terrible chose, mais c'est une grande grâce pour ceux qui l'endurent, individus ou nations. La France et moi avions besoin de ces coups de marteau. Pour ma part ceux que je recevrai encore seront les bienvenus ». Et puis : « Que de jeunes gens sauvés par cette mort qui semble les anéantir !... Toutes ces belles morts que vous m'annoncez forment la réserve du bon Dieu, et c'est celle-là qui nous donnera la victoire ».

Je note cet état d'esprit profondément religieux pour donner toute sa vérité à cette jeune figure et montrer les sources de sa vertu. Mais ce sont des traits plus proprement nationalistes que je veux signaler et ils apparaissent avec une certaine roideur d'adolescent et de Lorrain, durant le temps qu'il passa dans un hôpital du Midi. Il s'irritait du *farniente* qui l'entourait ; il croyait se trouver très loin de la guerre et voyait au loin « sa Lorraine fumer et crier ».

A chaque fois qu'il le rencontre, le nom de sa chère patrie, c'est le même frémissement :

Je vous remercie, ma chère maman, de toutes vos lettres qui me rattachent à notre Lorraine et à ses angoisses... Vraiment la Lorraine a une effroyable destinée. Si les paroles de la troisième *Béatitude* s'appliquent aux nations comme aux individus, elle mérite d'avoir un bel avenir.

Enfin, au 17 avril 1915, il peut regagner le front. « Quelle différence avec le dépôt, et que je suis heureux ! Un état d'esprit si sain et une si complète camaraderie, sans jalousie et si loyale... ».

Il prend part aux attaques des 8, 9 et 10 mai ; blessé légèrement, il refuse d'être évacué et entre dans Carency le premier de tous, à la tête des hommes qui emportent le fortin. Il est proposé pour une citation à l'ordre de l'armée. Mais avant qu'elle n'arrive, il a redoublé son exploit !

Le 27 mai, écrit-il à sa mère, on n'arrivait pas à se rendre maître de la sortie d'Ablain-Saint-Nazaire, du cimetière et du chemin creux. Deux régiments successifs y avaient échoué. Nos progrès vers Souchez en étaient suspendus. Alors une suprême tentative fut décidée et un coup de main fut accompli par les deux plus audacieuses compagnies du 360⁰, qui a bon renom. Ma compagnie avait eu l'honneur d'être désignée. L'affaire tourna bien et dépassa toutes nos espérances. J'ai pu m'emparer de trois fois plus de terrain que je n'avais mission d'en conquérir. De plus, j'ai fait trois cents prisonniers, dont sept officiers, et pris six mitrailleuses. Le général du corps d'armée, voyant du haut de Notre-Dame-de-Lorette le coup de main réussir si pleinement, pleura, m'a raconté son officier d'ordonnance, qui vint m'apporter l'assurance que j'étais chevalier de la Légion d'honneur. On peut être fier de sa croix quand elle donnée pour un pareil motif. Mon bonheur est grand, croyez-le, d'avoir matériellement et personnellement arraché un morceau de France aux Boches. Voilà une lettre qui va donner à papa une telle joie que c'est encore cela qui me paraît le meilleur.

Ce fait d'armes valut à Pierre de Rozières la croix de la Légion d'honneur par dépêche spéciale du général Joffre. Le 9 juin, elle lui fut remise solennellement. Cérémonie bien émouvante au bruit de la canonnade ininterrompue. Une jeune fille déléguée par la population de Carency délivré offrit un bouquet au jeune officier. Le vieux maire d'Ablain-Saint-Nazaire, tout en larmes, vint lui serrer la main et lui annoncer qu'une des rues de la ville reconquise porterait son nom. Le général commandant la division, en lui épinglant le ruban sur la poitrine, lui dit : « Avant de vous féliciter, lieutenant, je dois vous dire : merci. »

Et le jeune légionnaire aussitôt d'écrire à son père :

« *C'est en pensant à votre joie et en remerciant Dieu de ce grand bonheur qu'il nous accorde que j'ai reçu ce matin l'accolade de l'épée. Je porte à présent sur la poitrine le ruban rouge. J'ai, je crois, plus profité des circonstances que de mon mérite. Si la bonne Providence, si clémente pour moi depuis le début de la campagne, m'a ménagé cette occasion extraordinaire d'être spécialement remarqué parmi tant de braves, je ne doute pas que je le doive à vous tout d'abord. Le Ciel a voulu sans doute vous donner, à vous et à maman, ce bonheur au milieu de tant de sacrifices. J'en suis le bénéficiaire. Je m'en voudrais de m'en faire orgueil et je me contente de porter cette croix la tête haute, sachant qu'elle n'est pas un fruit d'injustice. Elle va me permettre de me présenter avec plus d'assurance devant la vie, si Dieu me la laisse... Je vous embrasse, mon cher papa, très ému à la pensée de votre fierté paternelle et bien reconnaissant de l'honneur que me vaut, sans doute, votre vie entière...* »

Je m'arrête, je ne puis, pour ma part, rien supposer qui aille plus haut. Combien de siècles de civilisation courtoise et religieuse il a fallu pour mûrir un si noble enfant. Mais voici que sa fin approche...

Quelque chose m'inquiète, tandis que je transcris ces fragments d'une correspondance intime. En produisant devant le public une voix qui s'adressait avec une parfaite confiance au cercle étroit de la famille, je risque de défigurer le caractère vrai de Pierre de Rozières, et de laisser croire à quelque infatuation chez un jeune héros qui aimait la gloire, pour ce qu'elle a de magnifique dans l'âme, mais qui dédaignait et fuyait tout l'extérieur du succès. De cette retenue, je rencontre une preuve éclatante en continuant à feuilleter cette correspondance. En effet, voici que j'y trouve un billet très bref, et pour moi quelle lumière !

Ex-casino boche d'Ablain-Saint-Nazaire.

Reçu aujourd'hui, 26 juin, la visite de Barrès. J'étais en train de diriger un concert; il y a un piano et un violoncelle et j'ai des éléments à ma compagnie. Cela a beaucoup ému Barrès, car les artistes étaient excellents. Il nous a tous embrassés.

Ah! grand Dieu! il était là. Si je me rappelle cette cave! Par une matinée de juin, avec trois compagnons, je circulais dans Ablain, pire qu'un désert, longue rue dépecée par la mitraille, où venait encore à de longs intervalles un obus, et soudain voici que d'une cave s'élève un air charmant et savant de Bach, chanté par un violoncelle que soutient un piano. Nous frappons, on ouvre, et dans la nuit noire, vingt soldats, amateurs et musiciens, nous accueillent, parmi lesquels mon compatriote, le fils d'un ami de ma jeunesse, et qui ne s'est pas nommé! J'en ai un grand regret, mais quelle preuve de l'excessive réserve de Pierre de Rozières, puisque je sais bien qu'il m'aimait.

Bientôt il allait rentrer dans la fournaise, et d'abord s'employer à la prise du chemin creux d'Angres à Souchez.

Ma chère maman, écrit-il en date du 12 juillet, remerciez Dieu du grand miracle permanent qui me protège. Je viens de perdre ma compagnie presque en entier et tous mes gradés, sauf deux. Je reste debout pour récolter à nouveau la gloire que me vaut l'héroïque sacrifice de mes braves. Voilà ma compagnie citée à l'ordre de l'armée pour la troisième fois depuis le 9 mai... Les mêmes généraux, mêmes spectateurs qu'en mai, sont venus cette fois-ci eux-mêmes m'embrasser. C'est à l'ambulance, par exemple, car j'ai le tympan perforé et l'enclume fêlée. Cela fait souffrir, mais je ne suis pas fatigué.

Il lui fut donné de revenir en permission à Mirecourt, au mois d'août. Il multiplia ses visites à tous les lieux chers de son enfance. « La veille du départ, un dîner d'adieu fut donné sur son désir dans la campagne du Haut de Chaumont, et il voulut s'asseoir sous la charmille en terrasse qu'il aimait, de manière à voir la ville. Il paraissait songeur. Sur la remarque qu'en fit une de ses sœurs, il dit à voix basse à son voisin : « C'est que je veux contempler Mirecourt pour la dernière fois ». Sur l'horizon lointain apparaissait Notre-Dame de Sion, les bras ouverts... » (Souvenir de Louis Colin).

A midi, le 1ᵉʳ octobre 1915, en Artois, trois jours après la prise de Souchez, comme il examinait d'un trou de marmite, en avant de ses hommes, le terrain où il allait mener l'attaque des hauteurs (la cote 119) qui remontent du fond de Souchez vers Givenchy-en-Gohelle, il fut foudroyé par un obus. Il tombait sur le terrain qu'il avait déjà mouillé de son sang et qu'il avait lui-même reconquis à la patrie (17). On trouva sur son cœur son memento : « Seigneur, mon Dieu, dès maintenant, quel qu'en soit le genre et selon qu'il vous plaira, d'un cœur tranquille et soumis, j'accepte de votre main la mort avec ses angoisses, ses peines et ses douleurs ». Ainsi causait-il dans le secret avec la Source de son honneur, de ses vertus et de son être. Mais ce qui s'adresse à nous, c'est la phrase qu'il avait écrite sur la mort de son cousin, le lieutenant de Cissey :

A la mort des saints, il convient de chanter le *Magnificat*. Et ceux-là seuls qui savent en trouver les versets triomphals devant un tombeau cher sont dignes du disparu...

Obéissons... et refusant de voir la perte que subit la Lorraine et qu'on mesurera quand nous aurons publié l'œuvre interrompue de Pierre de Rozières, recueillons, comme deux exhortations morales dédiées à la jeunesse, deux lettres intimes où, dans l'année qui précéda la guerre, le jeune homme, chassant les inquiétudes de son âge, trouvait et définissait sa voie.

C'est d'abord une première lettre où il expose la haute idée qu'il se fait de sa vocation d'écrivain :

La seule pensée qui m'encourage dans mon labeur solitaire et souvent découragé, c'est l'espérance de servir. A quelle noble cause ? A quel objet défini et positif? Dieu ne manquera pas de me l'indiquer à son heure ; ma responsabilité sera d'y être alors préparé le mieux possible. Pour l'instant, tout à ce travail de préparation, tout au scrupule d'une formation littéraire sérieuse, tout à la recherche du beau, et par la forme pure qui plaît, et par l'idée de vérité qui touche, je ne me laisserai pas emporter par le tourbillon du siècle, ni tenter par le désordre universel, cet orgueil de vouloir devancer les saisons que la Providence a fixées aux mondes, ce défaut dont vous savez bien que la société souffre, s'énerve et s'anémie. Qu'on ne fasse pas grief au jeune laboureur que je suis, s'il travaille encore un sol nu, à peine verdoyant. L'été viendra avec ses blés mûrs et plus tard l'automne avec ses vendanges... Il est un temps d'apprendre..., un autre d'instruire...

Mais c'est un homme total qu'il voulait être, agissant par sa vie aussi bien que par son esprit. Et voici comment il dressait son programme.

La vie à la campagne me semble être la plus normale, la plus féconde pour travailler, la plus propice pour offrir aux miens un véritable foyer, une demeure qui ne soit pas un appartement d'occasion, la plus hygiénique pour le physique et le moral d'une famille, celle enfin où l'on peut donner à sa maison le plus de sens. L'ombre d'un clocher est nécessaire sur les toits du village, celle aussi d'un château. De l'absence de celle-ci et parfois de celle-là, nos campagnes lorraines se vulgarisent... L'ordre, voilà la volonté de Dieu. Que chacun l'établisse dans sa sphère, là où son influence est possible et non autre part, qu'il ait mission céleste ou mission terrestre, que ce soit par la parole, ou la plume, s'il a reçu le don du Saint-Esprit, et simplement par sa vie, ce qui est toujours possible. Je ne puis y faillir, puisque j'ai reçu vocation d'écrire et celle aussi de construire une famille et d'être chef. Il me faut relever, au centre des champs égaux et par dessus les toits rustiques trop semblables, la « Tour du Meilleur », ce toit pointu qui veut pour lui seul la foudre des orages, afin d'en sauver les autres ; ce haut mur qui porte le faible lierre agrippé à ses pierres ; ce signe permanent de la hiérarchie désirable, qui rappelle aux fous qui l'oublient que nul homme ne s'élève sans degrés inégaux ; ce pignon, qui est détestable s'il n'est que celui de l'orgueil, mais divin dans sa mission, s'il ouvre ainsi qu'un grenier où chacun peut puiser, suivant ses besoins, l'exemple, le conseil, le refuge ou l'aumône...

... Il ne faut pas aller au peuple en descendant, mais faire monter le peuple jusqu'à soi, et se mettre haut, sans morgue et simplement...

...Ma race est arrivée jusqu'à moi, sans tache et sans vulgarité; ainsi dois-je la transmettre à l'avenir, dans la même intégrité, vêtue de même noblesse, dirigée dans le même sens de perfection...

Voilà des pensées, n'est-ce pas, qu'il n'était pas possible de laisser en dehors du concert des familles spirituelles, que des catholiques aux socialistes, nous avons entendues.

Le même souci d'agir avec persévérance dans un cadre limité, et de s'enraciner pour être un créateur de force et de beauté, de santé, de vertu, se retrouve chez Joseph Hudault avec une note moins féodale. La conception à laquelle Joseph Hudault et Pierre de Rozières sont les plus opposés, c'est sans doute ce que Le Play nomme l'absentéisme, c'est-à-dire le vice du propriétaire qui déserte sa terre. L'un et l'autre ont un même désir de se planter puissamment dans le sol et d'élever, d'année en année, un ombrage sous lequel de plus humbles s'abriteront.

Possesseur aux environs de Chartres d'un grand domaine, Joseph Hudault y joignit une importante industrie agricole, et sut acquérir une réelle influence en s'intéressant aux constructions de logements ouvriers, aux sociétés de gymnastique, aux patronages. Pendant les longues soirées d'hiver à la campagne il écrivait. Ses deux romans, *La Formation de Jean Turoit* et le *Pavillon aux livres* se placent tout naturellement, comme *Dominique*, comme le *Disciple*, dans la série des livres romanesques désireux de nous guérir du romanesque. Joseph Hudault avait fixé sur ses carnets intimes et pour son propre usage, de la même manière que Pierre de Rozières, ce qu'il appelait ses « principes et bases de vie ».

Il faut m'appliquer à constituer un vrai foyer. La fortune est le plus puissant auxiliaire ; il ne faut pas la dédaigner ; d'ailleurs, ce dédain n'est jamais sincère. Son premier avantage est de permettre une grande dignité et même une grande élégance de vie. Elle comporte des charges. Il faut éviter toutes les dépenses inutiles, en songeant à ceux qui dépendent de nous et pour qui il faut tout faire afin qu'ils soient heureux.

Il ne suffit pas de fonder une famille ; il faut devenir une autorité sociale.

Un vrai chef d'industrie s'intéresse à ses ouvriers plus encore qu'à ses affaires. En développant celles-ci, il a la joie de penser qu'un plus grand nombre d'honnêtes gens seront soumis à son influence. De même on peut prendre de l'action sur le paysan.

Mais une chose est nécessaire, le contact. Toutes les occasions de rapprochement doivent être cherchées avec soin.

Ces vues n'ont rien de neuf et je les cite pour faire connaître à quel type d'âme se rattache Joseph Hudault, mais ici il arrive à une observation qui sort proprement de son expérience et qu'il faut retenir :

Je me suis convaincu qu'aujourd'hui on ne peut faire passer une idée morale, un bon conseil, qu'avec un accroissement de bien-être. Comment l'homme dont toute la vie se ramène à amasser quelques sous pour ses vieux jours ne serait-il pas d'abord sensible à l'universelle tendance vers le bien-être ?

La conclusion du jeune homme, sa règle de vie, c'est qu'il se créera une situation et une influence locales :

Les efforts sociaux, pour être productifs, doivent se localiser sur un point. On ne devient pas une autorité sociale en une génération, mais à force de frapper à la même place, de père en fils, une race finit par acquérir une influence considérable, qui est la grande raison d'être de la vie. Il faudrait qu'il y eût en France beaucoup de dynasties fondées sur ce principe.

C'est remarquable et de qualité noble, ce souci de construire sa vie comme une œuvre d'art, pour qu'elle soit féconde. Joseph Hudault, toutefois, ne considère pas seulement sa vocation propre; il y a aussi la vocation de la France. Un jour, sur son carnet de soldat, il note :

Avec ma manie de chercher à comprendre les autres, même les ennemis, j'ai découvert une grande beauté au rêve colossal de conquête de ce peuple allemand qui, l'âme embrumée par son tabac et sa musique, s'est rué sur nous et a failli nous asservir par sa discipline et son héroïsme. Je les hais cordialement, mais seulement parce que leur destinée est opposée à la nôtre...

Ainsi, voilà son double devoir (qu'il justifie et perfectionne par sa croyance catholique), c'est d'accomplir sa mission propre et de collaborer à celle de la France.

Au début de la guerre, Joseph Hudault avait trente-trois ans. Parti comme sergent de réserve au 102ᵉ d'infanterie, il fut blessé, dès le 16 septembre 1914, à Tracy-le-Mont, puis à son retour au front nommé sous-lieutenant au 67ᵉ d'infanterie, qu'il rejoignit aux Éparges. Nous pouvons d'après ses carnets le suivre dans toutes ses réflexions. J'en extrais la pensée centrale et animatrice, mais pour éprouver toute sa force admirable, il nous faudrait, dans le même temps que nous en tenons le texte sous nos yeux, voir, respirer, sentir l'horreur du décor :

« *La nuit, dans la forêt éclairée par les fusées, sous le fracas de la mitraille, je m'abandonne à la volupté de penser. En faisant un retour sur ma vie passée, je finis par lui découvrir quelque utilité, ce qui m'adoucit la perspective de la mort. Après tout, j'ai bâti, j'ai planté, j'ai écrit, j'ai fait trois enfants. S'il m'arrive malheur, il restera quelque chose de mon passage...* »

En septembre, le 67ᵉ alla prendre place parmi les troupes massées en Artois pour la grande offensive. C'est à la troisième attaque de la tranchée de Lubeck que Joseph Hudault trouva la mort, dans les conditions que précise sa citation à l'ordre de l'armée :

Officier très distingué, animé de sentiments très élevés et d'un patriotisme ardent, a été blessé au bras le 28 septembre 1915, en tête de sa section, qu'il conduisait sur le terrain pour la placer face à son objectif d'attaque ; a refusé de se faire soigner pour ne pas manquer l'assaut qui devait suivre ce mouvement ; est glorieusement tombé au cours de cet assaut.

Les Joseph Hudault et les Pierre de Rozières sont représentatifs d'une foule d'admirables jeunes gens, plus nombreux, plus ardents à mesure que s'approchait la guerre, et qui cherchaient pour eux-mêmes et pour le pays une discipline de vie. Tous s'émeuvent, comme Déchelette, d'être les héritiers d'une suite de morts qu'ils vénèrent, par qui ils se sentent protégés, armés, et qu'ils veulent maintenir. De cette imagination si vraie naît le plus fort conseil :

comment pourrions-nous mieux vivre que dans un accord étroit avec ceux dont nous sommes le prolongement ? Ces jeunes gens dépériraient au milieu d'un chaos d'idées improvisées ou bien étrangères, également injustifiées. Nous voulons des réalités, dit Baudry, c'est-à-dire des institutions et des mœurs qui correspondent à nos plus profondes pensées et réalisent ce que nous portons dans nos cœurs. Ils savent qu'ils trouveront leur force et leur fécondité spirituelle dans des types de vie éprouvés par une suite de gens de leur sang, et ils ont besoin, fût-ce dans leurs audaces et nouveautés, de s'appuyer sur ce qui est d'antique expérience. Pour eux, aucune liberté, je veux dire aucune libre respiration, si rien d'allemand pèse sur le territoire et le génie de la France.

C'est aujourd'hui la guerre de la délivrance. Cette délivrance, ils l'ont poursuivie en deux temps. Avant delibérer la patrie, ils eurent à se libérer eux-mêmes. Ces vainqueurs de la Marne avaient premièrement, au fond de leur conscience, vaincu la Germanie, dégagé les vertus et les vérités de chez nous, bref assuré en eux le triomphe de la France. Pour ces petits soldats, le drame temporel de 1914 continua et renouvela le drame spirituel de la veille. L'énergie de leur volonté avait devancé leur ardeur guerrière.

Ainsi désireux de recréer la fraternité française et de se relier étroitement aux générations du passé et de l'avenir, ces jeunes patriotes devaient tout naturellement nouer des amitiés étroites entre eux et avec les aînés dont ils aimaient la pensée. Ils se rassemblaient dans des ligues, des cénacles, des revues où leurs idées s'entr'aidaient et s'entraînaient.

Groupements variés, parfois opposés. Pour donner une vue sur ces « laboratoires », je pourrais décrire le puissant foyer dont Paul Déroulède était toute la flamme et vous introduire dans la *Ligue des Patriotes* (18), ou bien vous présenter le petit monde groupé par la piété alsacienne, lorraine et austrasienne dans les *Marches de l'Est* de mon ami Georges Ducrocq. Mais par réserve et pour ne pas parler de ceux qui sont trop mes parents, je m'en tiendrai à une maison où l'on professait la doctrine extrême de Charles Maurras, en même temps qu'on gardait, je le sais, une ardente amitié pour les formes premières du nationalisme.

La *Revue critique des Idées et des Livres* était rédigée par une trentaine de jeunes écrivains, qui ne se fussent pas contentés que la vérité les envahît à l'état de sentiment. Ils tenaient à la mettre en formules. C'est à la lueur du système royaliste qu'ils jugeaient la vie et les livres, mais quels sagaces connaisseurs de poésie et de prose ! Avec quelle pénétration et quel amour ils ont parlé de Racine et de Stendhal ! Pleins de goût et de feu, ces jeunes doctrinaires formaient une société d'une espèce rare, une académie à la fois savante, policée et enthousiaste. Ils s'aimaient comme autant de frères. En termes que sa modération fait d'autant plus émouvants, l'un des survivants, Eugène Marsan, me disait hier : « Jamais groupe plus uni ne s'est peut-être rencontré... Nous nous plaisions tant !... » Et voici que sur ces trente compagnons d'apprentissage, quatorze sont morts pour la France et deux disparus. Je vais les nommer sèchement. C'est par respect. Conviendrait-il de les définir en trois mots ?

Morts pour la France : Lionel des Rieux, Pierre Gilbert, Jean-Marc Bernard, Marcel Drouet, Robert de Fréville (qui signait Robert Cernay), Deschars (qui signait Germain Belmont), Charles Benoit, Maurice Louthard, Joseph de Bonne, Prosper-Henri Devos, Raoul Monier, le commandant de Mougins Roquefort (qui signait Jean d'Aulon), A. de la Barre de Nanteuil, Gustave Valmont.

Disparus : André du Fresnois et Henri Cellerier.

Les lettrés ont reconnu au passage, dans ce

dénombrement, plusieurs noms qui déjà brillaient. Nul de ces jeunes morts qui ne mérite son portrait, une étude, son reliquaire. Mais aujourd'hui, laissons-les en bloc, pour qu'ils tombent avec tout leur poids sur nos cœurs.

Tous prévoyaient et annonçaient la guerre. L'un d'eux, Pierre Gilbert, à la veille même du grand jour, dans la *Revue Critique* du 25 juillet 1914, publiait des pages brillantes sur le prince de Ligne, et souhaitant que ce « cœur de feu » fût rattaché de plus près à notre histoire littéraire, il demandait qu'on lui empruntât quelques lignes pour les inscrire en tête de nos règlements militaires. Les voici, ces lignes, ce couplet à panache où palpite la même illusion qui, dans ces journées fiévreuses d'août 1914, masquait aux jeunes saint-cyriens le vrai caractère et l'horreur de la guerre commençante :

> Fussiez-vous du sang des héros, s'écrie le prince de Ligne, fussiez-vous du sang des dieux, si la gloire ne vous délire pas continuellement, ne vous rangez pas sous les étendards.

Que l'enthousiasme monte vos têtes, que l'honneur électrise vos cœurs, que le feu sacré de la victoire brille dans vos yeux, qu'en arborant les marques insignes de la gloire vos âmes soient exaltées !

Le bel adieu d'un jeune Français aux Lettres, quand il ferme sa cantine de sous-lieutenant, et quelle image de soi-même à léguer, s'il meurt, à ses frères d'armes et de pensée !

On raconte, parmi les survivants de la *Revue Critique*, que des jeunes gens ont appris par cœur dans les tranchées cette prose fringante, dont les copies leur étaient envoyées par les jeunes filles dévouées à la cause que servait Gilbert, et qu'ils l'ont récitée à mi-voix sous les balles, comme un hommage à la mémoire de leur ami et comme un excitant de l'âme.

Ces mêmes idées d'ordre que servaient avec une puissante sérénité Joseph Hudault et Pierre de Rozières, et dont les jeunes écrivains de la *Revue Critique* travaillaient à construire la doctrine, enthousiasmaient Henri Lagrange. Mais à l'énergie large et calme de ses jeunes aînés, cet enfant substitue une violence sacrée. C'est un oiseau de tempêtes.

Pour « reconstruire l'ordre français et hâter la renaissance nationale », Henri Lagrange, dès sa quinzième année, s'était battu au premier rang des camelots du roi. Je ne froisserai personne en rappelant auprès d'un enfant mort pour la France ses titres antérieurs, fussent-ils des souvenirs de discorde. Le même feu qui avait jeté Henri Lagrange dans les batailles de la rue, où il récolta six mois de prison quand il n'avait pas dix-sept ans, l'enflamma durant la guerre. Le 11 janvier 1915, il écrivait du dépôt :

Je n'aurais pas été le Lagrange de l'*Action Française*, qui a tant fait pour montrer le péril à ses camarades, si je n'avais pas demandé à partir en Alsace. Depuis cinq mois, je l'ai demandé vingt fois. Je ne l'obtiens qu'aujourd'hui. Il n'est que temps; et maintenant, à la grâce de Dieu ! si je meurs, ce sera en bon Français, vous pourrez en être fière !

Et tout de suite il constate que « les obus et les balles sont physiquement moins difficiles à affronter que les coups de canne ». La guerre est son élément. « Nous avons été vaincus ; pour moi ce n'est que demi-surprise, avait-il écrit à sa mère, au lendemain de la bataille de Charleroi ; il faut résister jusqu'au dernier homme et au dernier sou. C'est la seule façon de s'en tirer ».

Comme il aime, cet adolescent, à déployer sa volonté froide ! qu'il est heureux de promener son regard tranquille sur un horizon plein de dangers ! De mois en mois, jusqu'en octobre 1915 où il tombera, il ne cesse de répéter :

Une guerre pareille... Deux ans, dix ans, vingt ans... Sait-on quand elle finira ? Si elle finit avant un an, il faudra s'armer de nouveau et se préparer résolument, car cette paix-là serait dès maintenant condamnée à n'être pas définitive, à n'imposer aucune solution acceptable. En effet, les Allemands occupent la Belgique, le Nord de la France, une bonne partie de la Pologne russe. Tout cela donne à l'ennemi une franche supériorité. Or ce qu'il faut pour la paix et le salut de la France, « intimement liés, comme le disait Proudhon, à la paix et au salut de l'Europe », c'est le démembrement de l'Allemagne, la restitution de l'Alsace-Lorraine, notre agrandissement sur le Rhin, la libération de la Belgique. A pareils maux, pareils remèdes. Contre Napoléon se sont dressées coalition sur coalition. Il fallut quinze ans pour l'abattre. Contre Guillaume, il en sera absolument de même.

Pensée nette, pensée dure, où la sagesse a le ton tranchant de la jeune inexpérience. J'aime infiniment ce feu et cette dureté. J'aime cette pierre du torrent, pleine d'étincelles. Combien cet adolescent, à son propre insu, devait être romanesque ! Je sais qu'à l'*Action Française* on veut surtout être raisonnable, mais un camelot du roi âgé de quinze ans est sûrement un prodige de romanesque, et je sens bien qu'Henri Lagrange avait donné corps par la politique royaliste à tous ses rêves, à tout ce qu'il y a de plus insaisissable et de plus secret dans les mouvements d'une jeune âme. Ses violences contiennent un élément de douleur et de tristesse. Elles me font songer au granit des Vosges, qui a cette qualité mystérieuse d'exhaler une odeur de violette.

Huit jours avant la grande offensive de Champagne, huit jours avant qu'il mourût, Henri Lagrange, sur une route en arrière d'Auberive, se trouva face à face, soudain, avec un de ses compagnons d'émeute, le chansonier Maxime Brienne. Les deux jeunes soldats étaient là au repos avec leurs régiments, attendant l'heure de l'attaque. Quelle joyeuse émotion pour les deux amis qui jadis avaient fondé ensemble le journal *Leurs Figures*, et qui ne s'étaient pas vus depuis le 4 août 1914 ! Ils causèrent, et peu après Maxime Brienne envoya à son ami Tournay, qui me l'a transmise, une relation de ce suprême entretien.

Je laisse à cette page curieuse sa couleur romaine, son accent à la Saint-Just, toute la sainte exaltation de ces jeunes hommes dévoués à la Révolution pour l'ordre et qui voyaient dans le salut de la France la première condition pour l'accomplissement de leur « nationalisme intégral ».

« Henri Lagrange sous l'uniforme, Henri Lagrange soldat, était non seulement lui-même, mais lui-même monté à sa perfection et à sa suprême intensité, à sa plénitude. Il débordait de cette double ardeur où s'amalgamaient une pensée rapide et ferme, une énergie active et magnifique, d'où résultait une force conquérante, une sorte d'équilibre entièrement dynamique, toujours en création, en mouvement, en progrès, en travail, en combat, en conquête.

» Il était, plus que jamais, tout génie et tout héroïsme.

» Comme toujours, il me parla peu de lui-même; il me parlait de chefs ou de camarades trop lents qui l'agaçaient, et d'autres chefs aussi qui l'enthousiasmaient, de son capitaine récemment mort, qu'il révérait et regrettait ardemment, enfin des pertes déjà si nombreuses que nous comptons parmi nos amis, André d'Harmenon et le pauvre petit Fernand, et celle, alors la plus récente et à jamais une des plus graves, d'Octave de Barral. Il ne parlait que de beauté et d'héroïsme, avec une admiration qui avait le frémissement de la plus noble envie. Et pourtant qu'avait-il à leur envier en valeur, à ces amis ? Peut-être la palme sur la tombe. Il a fallu que ce désir sublime fût exaucé...

» Lagrange était extraordinaire à la fois de confiance et d'esprit de sacrifice. Il y avait en lui la paix surhumaine de s'être consacré exclusivement au Devoir tracé pour toute la vie, soit qu'elle fût remplie durant de longues années par le vaste labeur de la renaissance nationale et de la reconstruction de l'ordre français, soit qu'il dût tomber bientôt pour cette victoire qui était la condition nécessaire de nos espérances et, actuellement, la seule tâche qui importât. Aussi voulait-il s'y jeter sans réserve (je le sentais, j'en frémissais d'admiration et d'alarme) sans rien même de légitime ou de louable, qui pût ressembler à la prudence. Avec un prodigieux mélange de raison et de violence magnifiques, avec cette résolution que son esprit exceptionnellement lucide joignait à une sorte de fougue méthodique, il assurait que les assauts vainqueurs étaient obtenus par le sacrifice résolu, la témérité contagieuse de quelques meilleurs, de même que la panique venait du cri, même absurde, d'un seul. Ceci l'enflammait, car cette vérification que son intelligence avait saisie au milieu des mêlées les plus tragiques corroborait une des lois les plus vraies et les plus aimées des doctrines qu'il révérait tant. Il affirmait que le devoir de ceux qui, par leur force d'âme et leur sentiment de l'honneur et de la patrie, savaient forcer la peur, était non pas de « remplir » leur devoir avec la seule fermeté, mais de se jeter à la mort parce que c'était à ce prix qu'on ébranlait la majorité moyenne jusqu'à un effort qui suffit au succès. Et je savais — par quelques-uns de ses soldats ou de ses camarades entrevus — que cette règle, comme toutes celles de son admirable vie, il la suivait jusqu'au bout, et que de là venait sa grandissante renommée.

» C'est ainsi, Tournay, que je le quittai, sous les arbres d'une large route dont le clair de lune projetait l'ombre dure. Sa physionomie était plus lumineuse, plus énergique que je ne la vis jamais. Ses yeux, sous l'ombre de ses sourcils que fronçait sa résolution, ses yeux que tu te rappelles, luisaient d'un sombre éclat d'acier. Les fatigues avaient encore aminci son visage, et la lumière lunaire en exagérait la pâleur, et les lignes si fortes, si jeunes et si mâles, de sorte qu'à l'image tragique du héros se mêlait je ne sais quelle âpreté ascétique. Mais ce que je verrai toujours, c'est ce regard, son regard fixé dans le mien durant que nos mains pour la dernière fois se serrèrent. Et quand, d'un geste fort, elles se furent quittées, nous ne dîmes plus aucune parole. L'instant était trop solennel, sa gravité m'étreignait. Pourtant je ne tentai pas de m'en délivrer par un au revoir cordial, gaiement jeté en me retournant; il eût sonné trop faux et m'eût fait encore plus mal.

» Et ce que je te conte, je te jure que je ne me laisse pas aller à le revêtir de la tristesse qui depuis s'est jetée sur le souvenir. Je savais la résolution de mon ami, sa valeur, ce que m'avaient dit de lui ses compagnons d'armes et enfin le rôle de son régiment dans l'action imminente, rôle de premier plan et du plus grand danger... »

Telle est cette vie. Son effet général est triste. Brève et brillante, elle frappe l'esprit d'une manière presque douloureuse par une succession rapide d'images intenses. Lagrange cherchait des orages, lui fussent-ils funestes. Ses amis m'ont donné à lire les brouillons d'un roman où dans les premiers mois de l'année 1914 il avait commencé à peindre les désirs, les passions, les croyances de ses amis et les siennes propres. J'y vois son émulation s'échauffer devant les héros de l'aviation et devant les chefs de nos dernières luttes intestines. Ses modèles sont nouveaux, mais son ardeur renouvelle celle des innombrables jeunes Français qui voulurent avant lui ne vivre que pour le danger et la gloire. « Tout ce qui est fade nous écœure, tout ce qui est âpre nous attire », déclare-t-il. Et cherchant à bien définir pour lui-même la pensée que doit mettre en valeur son livre, il écrit en forme de *memento* ces lignes incertaines et effrayantes, comme tout ce que nous dicte l'esprit de divination : « Je ne me serai pas trompé s'il sort net et clair de ces pages que la génération qui monte est promise à la restauration d'un grand pays, ou bien au suicide, et peut-être au martyre ».

Ces lignes font mal. De tels enfants avaient prodigieusement souffert de porter en eux les rêves les plus salubres, auxquels ils se dévouaient avec l'enthousiasme d'une conviction profonde, et de les servir avec les armes de l'anarchie. Ils avaient souffert, à leur insu peut-être, d'aspirer si haut, d'obéir à des impulsions si nobles, et de passer leurs années d'adolescence en des luttes avec la police. En vain l'aube spirituelle qu'ils avaient appelée apparaît-elle sur l'horizon. Baudelaire, dans une pièce fameuse (et d'ailleurs dans un autre sens), a marqué ce que les premières lueurs libératrices du matin mettent de tristesse autour des ouvriers de la nuit. Henri Lagrange sentait que les ténèbres et les haines allaient se dissiper, mais que lui-même était sacrifié.

Au cours de la guerre, en apprenant la mort de l'un de ses amis des batailles de la rue, il écrit : « Tous vont tomber ainsi ! Sinon tous, la plupart. La plus belle des générations succombe pour racheter les fautes de ses aînés que son adolescence a perçues, dénoncées, combattues. Elle était marquée du destin. Il est beau que des morts de vingt ans n'aient eu le temps que de songer à la patrie!... » Et ailleurs encore ce cri : « Malheureuse génération qui ne trouve la gloire qu'en perdant la vie ! »

Pourtant il ne meurt pas avant d'avoir pu détendre la corde de l'arc. Je trouve dans ses lettres plusieurs notes qui montrent soit les progrès naturels de son âme sous l'impulsion des événements, soit sa nature généreuse d'adolescent. Parfois il revenait sur ses luttes épiques d'avant guerre et, si jeune, il revisait ses actes et ses pensées. En apprenant la mort de Guy de Cassagnac, il écrit : « Guy et Paul de Cassagnac ont montré qu'ils étaient de bon sang français et on ne peut que déplorer à leur égard comme à mille autres la folie diviseuse qui anima tous les Français depuis les Cassagnac jusqu'à moi-même... » Et cette autre note encore : « **Que de jeunes juifs auxquels je refusais absolument la solidarité française sont tombés au champ d'honneur après s'être héroïquement comportés !** »

Le 6 octobre, à l'attaque d'Auberive, en portant les ordres sous un feu violent d'artillerie (« a toujours été volontaire pour les missions dangereuses », dit sa citation à l'ordre), Henri Lagrange fut jeté à terre. Il mourut à l'ambulance de Montereau le 30 octobre 1915, âgé de vingt ans.

Rien de plus beau et de plus mystérieux que ces enfants, aujourd'hui glacés, qui furent donnés à la France tout brûlants des vertus qu'il fallait pour qu'elle fût sauvée. Ils virent venir la tempête que leurs aînés, en grand nombre, niaient. De toute leur jeune voix, ils ont crié pour qu'on s'y préparât ; ils pressentaient qu'elle les jetterait bas, et joyeusement ils y coururent.

Joyeusement ! c'est le mot que le sergent Léon Guillot a voulu que les siens missent dans son billet de faire part :

Le docteur Achille Guillot..., des chasseurs alpins ; M. Paul Guillot, soldat, etc., etc., ont l'honneur de vous faire part de la perte cruelle qu'ils viennent d'éprouver en la personne de Marie-Léon Guillot, homme de lettres, sergent au 171ᵉ d'infanterie, tombé au champ d'honneur et mort joyeusement pour son pays... (*Pièce communiquée.*)

Quelle formule ! Je me suis informé. Léon Guillot était un bourgeois campagnard exerçant des fonctions municipales dans son petit village du Jura, qu'il quittait rarement. C'était aussi un poète. Moréas avait lu ses vers et les aimait. En novembre 1914, dans la forêt d'Apremont, il composait son dernier sonnet à la gloire de Déroulède et le dédiait à Marcel Habert, qui combattait à côté de lui.

Joyeusement, c'est encore la pensée d'un petit aspirant de vingt ans, Jean Reverdot, du 39ᵉ d'infanterie, qui, peu avant sa mort héroïque, écrit à sa mère :

À 50 mètres des Boches. Rien devant nous que la plaine, avec quelques réseaux de fils de fer. Sur un front de 75 mètres, c'est moi qui défends l'accès du territoire. C'est drôle quand on y pense. Si jeune, avoir *à soi* 75 mètres de frontière. J'en suis très fier et toi aussi, n'est-ce pas, ma chère maman...

Et puis à un parent :

Je suis chef de section. C'est, comme vous le savez, la responsabilité de cinquante bonshommes qui vous incombe. Si au plus fort du bombardement on a un moment de défaillance, l'idée que cinquante poilus ont l'œil sur vous suffit à vous donner une assurance et un sang froid inébranlables... Mes hommes m'aiment et je les aime... Lorsqu'un obus éclate trop près, comme eux, j'ai peur, mais il faut bien veiller sur le morceau de la frontière que l'on m'a donné à garder, aussi je reste debout... Si la tâche est rude, vous ne pouvez vous imaginer ma joie et ma fierté. (Juillet 1915, *lettres communiquées.*)

Qu'est-ce à dire qu'une telle gaieté ? Comment faut-il entendre cette joie, dont le simple écho pour nous est déchirant ? « Joyeusement », « gaiement », disent ces martyrs. Mais leurs visages terriblement graves attestent que leur joie ne les empêche pas de souffrir. Il semble que notre vocabulaire formé sur les coteaux modérés de la vie et approprié à nos occupations quotidiennes manque de termes pour nommer ces états extraordinaires et solennels. Du moins pouvons-nous les comprendre,

Ces bons Français ont conscience d'avoir trouvé leur vraie place et de s'unir à quelque chose de mystérieux et de supérieur, dont leur âme était avide, qui les soulève et les dilate. Leur joie sans nom, vous la trouverez décrite et analysée dans les *Lettres du capitaine Belmont à sa famille*, qu'a publiées Henri Bordeaux. Mais Belmont, c'est un saint et un grand intellectuel. Les lettres de Jacques de Laumont, sergent au 66e régiment d'infanterie, tué à l'ennemi, près d'Arras, le 22 septembre 1915, à l'âge de 23 ans, ne sont que d'un jeune être qui a dans le sang toute la tradition. Je ne sais pas de meilleur texte pour nous faire voir en action le « joyeusement » que prononcent tous ces traditionalistes, quand ils respirent l'atmosphère d'une France guerrière et spiritualisée. Un enfant veut être digne de sa famille, de sa jeune dignité de chef, de son drapeau; l'idée de l'honneur est la pensée maîtresse de son être ; c'est autour d'elle que tous ses sentiments s'engrènent et s'unifient, et il entrevoit obscurément de perfectionner encore cette unité, s'il faut qu'il se couche au milieu de ces grands horizons et qu'il se confonde dans cette terre sacrée dont il est le petit soldat. Il souffre. N'importe! Sa joie intérieure est si forte qu'elle tient en échec les plus violentes misères du dehors.

Le 1er août 1914, Jacques de Laumont écrit à sa mère : « Je me battrai de tout cœur pour la France et pour vous. Je serai très brave, vous verrez. »

Après avoir reçu le baptême du feu, le 25 août, à Champenoux, et s'être battu durant toute la bataille de la Marne, il est évacué à Pamiers ; on songe à l'amputer d'un bras. A peine sur pied, en octobre, il avertit son père :

Obtenu d'être évacué demain comme guéri, sans convalescence. Serai sur le front avant huit jours. Tu verras, je reviendrai en bonne santé, et puis, même si je mourais, je trouve que c'est une si belle mort qu'elle est enviable. Vive la France !

Le 16 novembre 1914, il écrit de Wlamertinghe :

Les officiers ont été réunis aujourd'hui par le général, qui les a félicités de l'héroïsme du régiment. Notre drapeau va être décoré. Cela a été très dur, le 13 et le 14; nous sommes restés dans les tranchées à 30 mètres des Boches, sous le feu des bombes qu'ils envoient avec des canons à ressort et qui font des trous comme des maisons. Nous étions dans la boue liquide jusqu'à mi-cuisse, et la nuit la glace se formait, nous immobilisait ! Quel enfer et quel cauchemar ! Tous nous sommes prêts à sacrifier notre vie, mais les balles et les obus ne sont rien à côté de la pluie..... Au régiment, il reste cinq officiers de l'active.

C'est peu de jours après que cet enfant écrivait à sa mère cette phrase d'une intensité de romanesque si profonde: « Crois-tu que les soldats de Napoléon aient souffert autant que nous ? »

Le 29 novembre 1914 :

Nous avons reçu deux cents bleus de la classe 1914, et le drapeau tout déchiré de balles et d'obus leur a été présenté par le commandant de Villantroy, commandant le 66ᵉ. Celui-ci, dans une allocution, nous raconte qu'un colonel de cavalerie est venu le trouver en lui disant : « Monsieur, combien je vous envie et quelle gloire pour vous de commander un tel régiment ! J'ai écrit à mon fils : Si tu rencontres jamais un soldat du 66ᵉ d'infanterie, salue-le bien bas, car dans ce régiment tous les hommes sont des héros ! » Et le commandant ajouta : « Je préfère être commandant du 66ᵉ que roi ou empereur. 66ᵉ, je vous salue (et il a enlevé son képi) et je vous admire ! » Que ne ferait-on, après des mots comme ceux-là et avec des chefs comme lui ? Nous pleurions tous. Nous avons eu à Poelcapelle cinq régiments de la garde prussienne qui, les uns après les autres, sont venus se briser sur le 66ᵉ. Le 9ᵉ corps a tenu en échec pendant vingt jours trois cent cinquante mille Boches sans perdre un pouce de terrain.

Ces textes purs et lumineux n'ont que faire que je les commente. Je les pose à même sur

ce papier pour qu'ils jettent librement leurs feux.

Nous repartons en première ligne, écrit le jeune soldat, en date du 24 mai, près d'Arras; nous avons encore une crête à enlever; ce sera dur, mais « impossible n'est pas français », et alors c'est la trouée de Lille et la percée est faite. Je pense souvent à vous tous et mon seul chagrin est de vous sentir angoissés pour moi. Sans cela je serais parfaitement heureux ; je suis comme un poisson dans son élément. C'est une vie épatante et je suis bien sûr que quand ce sera fini, je regretterai que les Boches n'aient pas duré plus longtemps.

Le 9 juin, il envoie des photographies à son père :

Le numéro 1 représente *mon* drapeau. Il est grièvement déchiré, et on voit les buissons au travers, mais je suis heureux d'envoyer le portrait de ce glorieux bout de soie qui est un peu « moi », car il est nous tous. Il est l'image du 66e. Il est, comme lui, bien déchiré, bien diminué, mais toujours le même, et comme le 66e il ira à la victoire très prochaine que nous allons enlever à la baïonnette.

Le 13 juin 1915, à son père, encore :

Il est 4 heures et demie, dans une heure et quart nous partons. Mes hommes viennent d'aller chercher la soupe et pour bien me battre, je vais bien manger. J'ai partagé les provisions reçues ; il ne faut pas être trop chargé pour avancer, et tu vas voir dans le communiqué que Vimy sera pris, car le 66ᵉ est toujours le 66ᵉ. C'est une bien belle soirée pour moi, car demain sera peut-être Austerlitz. Je suis très fier d'y aller. Au revoir, peut-être adieu, mais je ne le pense pas. Je vous embrasse tous, en criant bien fort : « En avant ! Vive la France ! »

Le 26 juin, à son père :

Nous avons eu hier une journée terrible : ouragan de fer et de l'eau à se noyer. Tout à coup, psch ! psch ! tout le monde se jette à plat ventre ; c'était un 105 qui s'annonçait. Je fais comme les autres : je m'aplatis contre le sol, ma bouche... sur celle d'un cadavre. Je n'ai jamais eu une impression pareille. J'ai porté des morts, pansé des blessés dont le sang giclait ; je me suis même assis sur des corps ; mais ça, avec tout l'imprévu de la rencontre, m'a fait une sale impression, et je dois le dire à ma honte, j'ai eu peur ! Pendant peut-être deux secondes, j'ai eu une impression horrible ! Le général de division, ce matin, en nous félicitant de notre « indomptable énergie », a ajouté : « On pourra dire dans l'histoire : Tenir comme le 66ᵉ ! »

Le 13 juillet, à son père :

Si tu savais combien tes lettres sont un réconfort pour moi ! C'est si bon de sentir derrière soi toute une famille, et quand je suis en ligne, dans ma cagna, je ferme les yeux une fois la lettre lue, et je me figure être avec vous tous. Après, on a plus de de force et de courage, et on ferait n'importe quoi. Tes lettres sont la parole du chef, qui ranime le courage des hommes, qui fouette le sang. Quelquefois, quand on ne s'entend plus, tant ça tombe, j'ouvre ma musette, je relis tes lettres et je n'ai plus peur.

Et voici, datée du 14 septembre 1915, la lettre dernière, celle qui n'arrive à son adresse que si les pressentiments qu'elle exprime ont été confirmés par le destin :

Cher papa, je t'écris cette lettre à tout hasard, sait-on jamais... Ce n'est pas la première fois que j'écris comme cela; les autres ont été déchirées après le coup donné, celle-ci, je pense, aura le même sort.

Demain matin, à l'aube, vers les quatre heures, nous partons à la charge. C'est la victoire à peu près certaine et c'est de l'histoire que nous écrivons à la pointe de nos baïonnettes. Le 66ᵉ a l'honneur d'attaquer et le 1ᵉʳ bataillon en tête, le mien. Je suis fier que le général nous ait jugés dignes de cet effort.

Si Dieu veut que j'y reste, que sa volonté soit faite. Ma seule douleur, mon seul regret sera de penser à la peine que vous fera ma mort. Mais pourquoi pleurer, nous nous retrouverons un jour tous ensemble, un peu plus tôt, un peu plus tard.

Je vous demande, si je suis tué, à être enterré là où je suis tombé. Je ne veux pas que l'on m'enferme dans un cimetière où l'on étouffe. Je serai mieux et plus à ma place de soldat dans la terre de France, dans un de ces beaux champs pour lesquels je donne ma vie, je vous le jure, avec joie. J'ai appris à aimer cette terre française, ces pays magnifiques, qui sont nôtres ; depuis la guerre, en les parcourant, j'ai appris la poésie des grandes plaines sous le chaud soleil, ou la beauté d'un couchant sur les bois lorrains, et il m'est doux de penser qu'au moins pour une fois dans ma vie, j'aurai servi à quelque chose.

Je vous embrasse tous, vous qui avez été si bons pour moi, et que j'aime du plus profond de mon cœur.

Dans cet enfant excellent, c'est la race même que vous entendez. L'alouette gauloise se lève du sillon et chante aussitôt que le soleil commence à luire. Jacques de Laumont nous remet en pleine simplicité. Les autres jeunes traditionalistes nous ont dit leurs méditations, leurs systèmes, ce qu'ils désirent, ce qui les offense. Je ne sais quoi de tendre, de triste et d'exalté palpite dans leurs lettres. J'y distingue un murmure : « Ah ! si l'on nous avait écoutés ! On pouvait éviter tout cela ». A leur perfection se mêle une goutte d'amertume. Mais celui-ci est le plus pur ; il ne reproche rien à personne. il surgit du sol, il s'offre au destin ; il ne sait pas plus qu'une source jaillissante les souillures du monde qu'il vient racheter.

Jacques de Laumont est le jeune Français qu'aurait le plus complètement aimé Déroulède, un petit soldat dans le rang, emboîtant le pas à ses camarades, à tous les guerriers de la France immortelle. Chez lui rien de singulier ; tout au contentement d'être dans sa voie, il vit, il meurt, il couvre de gloire, selon ses forces, la patrie, sans rien désirer que d'être un de ces innombrables « poilus », anonymes et silencieux, devant qui nos généraux disent qu'ils voudraient se mettre à genoux. Quel globe de feu, quel buisson ardent de l'univers enflamme ces héros ? D'où recoivent-ils eur âme ? Où vont-ils la restituer ? C'est de la France qu'ils naissent, c'est en elle qu'ils retombent.

Jamais plus qu'aujourd'hui ne furent actives et décisives les réserves sacrées enfouies dans notre race. Ces jeunes gens, honneur et salut de la France, obéissent à la terre et aux morts. Nos vieilles provinces se sont ranimées dans le péril et sous l'affront. « Beaux fils, disent-elles à leurs enfants, allez en mon nom défendre la patrie. » Il serait juste d'écrire un chapitre sur la renaissance et l'efficacité du régionalisme, durant cette guerre, et de l'illustrer avec les figures de Frédéric Charpin, le nationaliste provençal ; d'Eugène Nolent, le nationaliste normand ; de Jean-Marc Bernard, qui signait Jean-Marc Bernard dauphinois. Nous avions jadis le Royal-Champagne, le Royal-Auvergne ; nous y voici un peu revenus, et le recrutement régional, c'est quelque chose de plus tendre qu'un recrutement de cinq millions d'hommes mêlés. Quelle satisfaction éprouvent les soldats de Lorraine à faire ensemble de grandes choses, et de même les gens du Nord, les Parisiens, les Bretons, les Normands et tous les autres ! Ils ont retrouvé leurs particularités de terroir ; ils veulent s'en faire honneur, les ennoblir encore, porter la fourragère et mettre la Croix de guerre sur leur drapeau. Nos corps d'armée rivalisent de région à région. S'il se mêlait à leur émulation des ferments d'hostilité, je dirais que celle-ci contribue encore à l'amitié française. Pour chacun d'eux, la grande affaire, c'est de se dévouer à la cause commune mieux encore que ne fait le voisin. Qu'est-ce que le 20ᵉ corps et le 21ᵉ? L'offrande de nos villes et villages lorrains à la France! Qu'est-ce que le 1ᵉʳ corps? L'offrande du Nord qui veut rétablir la France dans Lille.

Le régionalisme et la tradition, qui est la vie de l'âme, soutiennent de la manière la plus vraie nos armées (19).

CHAPITRE VIII

CATHOLIQUES, PROTESTANTS, SOCIALISTES, TOUS, EN DÉFENDANT LA FRANCE, DÉFENDENT LEUR FOI PARTICULIÈRE

Un trait commun à ces diverses familles d'esprit durant cette guerre, c'est qu'elles sentent toutes que le meilleur, le plus haut d'elles-mêmes, leur part divine est engagée dans le drame, et périrait avec la France.

« Mon Dieu et mon Roi », « Pour Dieu et pour la France », c'est le cri de nos aïeux unanimes, quand ils marchaient à l'ennemi. Aujourd'hui, nous distribuons la même pensée sous une dizaine de vocables. Nos soldats se disent qu'en se dévouant à la France ils sauvent, celui-ci l'Église catholique, celui-là les Églises protestantes, cet autre la République sociale, cet autre enfin la libre pensée. Chacun d'eux confond avec la France sa religion ou sa philosophie... O miracle, ils ont tous raison !

Les catholiques ont raison de croire que la victoire allemande eût marqué un amoindrissement grave du catholicisme. Qu'eût été la religion imposée à l'Europe occidentale ? Il est difficile de le dire, mais vous connaissez le rêve prussien et son brutal appétit de domination. Le catholicisme, ou du moins ce qu'on eût consenti à garder sous ce nom, aurait été domestiqué, réduit en esclavage. Les catholiques redoutent l'esprit germanique, sa philosophie et sa critique biblique. Là-dessus, on a beaucoup brodé depuis le commencement de la guerre ; c'est possible que le plus grand nombre des catholiques d'outre-Rhin ne soient ni kantistes, ni hypercritiques, et que l'on ait exagéré leur modernisme, mais ce qu'on ne dira jamais trop, c'est leur superstition du pouvoir et par suite leur tendance au schisme. Jamais en France, à aucune époque de notre histoire, ni l'Église, ni surtout les ordres monastiques n'ont eu cette dévotion irraisonnée à la force que l'on voit aux prêtres et aux moines allemands.

Il y a bien des nuances dans l'unité catholique. La piété du Napolitain, par exemple, n'est pas celle de l'Anglais. Tout en professant le même *Credo*, les peuples gardent leurs différences. Le théologien, spéculant sur l'absolu, sur la simplicité essentielle d'un dogme révélé, n'a pas à tenir compte de ces variétés, qui ne menacent d'aucune manière les vérités fondamentales ; mais comment le philosophe nationaliste s'empêcherait-il de les enregistrer ? On peut admirer certes le catholicisme de François d'Assise et celui de sainte Thérèse, et en même temps trouver que, dans l'ensemble, la plus belle et la plus saine tradition du catholicisme est en France.

En France, autour de Pascal et de saint Vincent de Paul. Ces héros bienfaisants qui disaient : « Le propre de la puissance est de protéger », voilà des sommets selon notre cœur et selon notre esprit. Et nous trouvons dans *Polyeucte,* dans le chef-d'œuvre du grand poète qui méritait d'être un saint aussi bien que d'être un prince, les accents qui nous ébranlent le plus profondément.

Polyeucte nous donne un exemple de discipline et d'indépendance qui s'oppose au servilisme des catholiques allemands devant le pouvoir. C'est le livre où repose la tradition du Devoir et de l'Honneur sanctifiés par la foi, c'est-à-dire tout le christianisme des familles françaises.

Nous avons le droit de parler de saints français et de tradition catholique française, car la grâce ne détruit pas la nature, mais simplement la perfectionne en gardant ce qu'il y avait de bon dans l'individualité. Si Pascal, Vincent de Paul, Bossuet, Fénelon et les sentiments héroïques qui reposent dans leurs œuvres, si l'esprit français était submergé, dénaturé, anéanti par la victoire allemande, c'est le catholicisme même qui serait découronné d'une de ses excellences.

La France a toujours occupé dans l'Église une place privilégiée et les papes ont souvent proclamé à quel rang notre patrie a droit. Jamais plus qu'aujourd'hui nos titres et nos services n'éclatèrent. Maintes fois les catholiques ont pu penser qu'en défendant la France, ils défendaient l'Église ; jamais autant que dans cette guerre ils n'ont rempli ce rôle. Pourquoi ? Comment ? A cause de la notion pure qu'ils possèdent de Dieu. Il n'y a qu'un Dieu ; les chrétiens de France et d'Allemagne le confessent, mais il peut être conçu de plusieurs manières. On le voit trop dans cette guerre. Et les catholiques français peuvent justement dire qu'ils se battent pour se soustraire et soustraire le monde au Dieu des Allemands, Dieu tout mêlé d'éléments grossiers et locaux.

Les protestants, de leur côté, disent que la vraie tradition de la Réforme est en France, que le salut de la France, c'est le salut du protestantisme, et le *Comité protestant de propagande française,* dans sa « *Réponse à l'appel allemand aux chrétiens évangéliques de l'étranger* », déclare : « Nous sommes résolus à marcher cœur à cœur avec nos frères d'Angleterre, et coude à coude avec nos amis d'Amérique, de la Suisse romande, de Hollande, des Pays scandinaves, ayant la certitude de représenter avec eux la tradition la plus pure de la Réforme du xvie siècle, celle qui entend unir toujours plus étroitement à la pitié évangélique la pratique de la justice, le respect de l'indépendance d'autrui et le souci de la grande fraternité humaine ». Ce que le pasteur John Viénot précise encore en criant à ses coreligionnaires allemands : « Fils de la Réforme, vous ? Non, vous ne l'êtes plus. Vous n'êtes plus que les adorateurs de la Force, vous n'êtes plus que des pèlerins sans âme, agenouillés devant le veau d'or ». (*Paroles françaises prononcées à l'oratoire du Louvre.*)

Quant aux socialistes, ils ont mille fois raison de croire que si la France était écrasée, c'en serait fait de la République sociale. La République sociale ne serait même plus pensée, car il n'y a de socialisme qu'en France et en Angleterre. Supposez Karl Marx ignorant ces deux pays, il eût ignoré comment naissent les idéals ouvriers. C'est en Angleterre et en France qu'il a vu la germination des idées et des sentiments dans les classes travailleuses, et qu'il s'est rendu compte des forces nouvelles qui émergeaient. A ces phénomènes, il a donné une figure allemande, en prenant le contre-pied de la doctrine allemande de Metternich (réaction autrichienne) et du suisse Haller (réaction prussienne).

Metternich et Haller ont vu qu'il y a des vérités générales providentielles qu'on ne changera pas. Par exemple, il existe un équilibre de force entre les puissances sociales, et le fort domine toujours le faible. C'est la vérité profonde et divine ; elle ne peut pas être renversée ; elle peut être troublée, mais passagèrement ; l'équilibre se rétablit toujours ainsi. Or les forts sont ceux qui disposent de la force militaire ; ce sont les hobereaux, la classe sélectionnée pour le service des armes.

Marx recueille cette doctrine pour en prendre exactement le contre-pied. Il affirme la même vérité générale : il n'y a pas de justice. Et contre la justice ses sarcasmes abondent. Il se soumet à la force, reine de la vie universelle. Seulement, la force n'est plus où on la voyait ; elle est passée aux mains de ceux qui hier étaient dominés. Les maîtres de la veille doivent s'agenouiller à leur tour et subir. Ils n'ont plus qu'à remâcher leurs regrets.

Tel est le socialisme des Allemands. Et quand le nôtre cherche des formes d'harmonie avec Fourier, ou de justice avec Proudhon, les Marxistes se rient de ce « verbiage utopique ».

Notre pensée socialiste propre eût été submergée par notre défaite dans la guerre présente. Mais, au contraire, notre victoire faisant suite au parjure des socialistes allemands vis-à-vis de leurs coreligionnaires français vient dégager ceux-ci et les rapproche de la tradition socialiste française.

… Ainsi toutes nos familles spirituelles, quand elles combattent pour la France, songent toujours à défendre un bien, une âme dont elles sont les dépositaires et qui peut être utile à l'humanité entière. Que la France ne redoute pas trop le reproche de se replier sur elle-même, et qu'elle ne décourage jamais ses enfants les plus marqués des signes du terroir, ceux même qu'elle croirait confinés dans l'atmosphère de la maison. L'esprit français le plus indigène, le plus local, a toujours de l'universalité (20). Ce n'est jamais un but pour nous seuls, mais un but pour tous que notre haute pensée poursuit. Pas un chrétien français ne peut concevoir le vieux Dieu allemand. Chez nous, cette idée d'un bon Dieu réservé aux Allemands n'a pas plus de pendant que le pangermanisme. Le mot de pangallicanisme fait défaut. Ce que Karl Marx rêvait, à savoir l'organisation du travail par le pangermanisme, est inintelligible pour des ouvriers français. L'idée d'une organisation du travail dans le monde, qui favoriserait les ouvriers français, qui donnerait aux ouvriers des autres nations des contremaîtres et des ingénieurs français, est aussi contraire à la pensée de nos socialistes que le régime capitaliste.

Nos diverses familles spirituelles font des rêves universels et ouverts à tous, qu'elles défendent en défendant la France.

Cette catholicité, ce souci de l'humanité entière, c'est la marque du génie national, c'est une note généreuse et profonde dans laquelle s'accordent toutes nos diversités.

CHAPITRE IX

UNE NUIT DÉJÀ LÉGENDAIRE
(NOËL 1914)

Le plus haut moment de cette vie spirituelle de nos armées fut sans doute la Noël de 1914. Sur le front, il y eut des messes de minuit, des cultes protestants, des petits repas, une effusion de tous en tristesse, en joie, en espérances, en fraternité. La bataille ne s'arrêta pas, mais elle fut traversée d'un rayon de paix.

Dès la nuit tombante du 24, plus d'un aumônier commença le tour des tranchées, suivi d'un jeune soldat qui portait une hotte pleine. Des sentinelles, à quelques pas des Allemands, le virent apparaître avec émotion. Il leur remettait un petit paquet, et surtout sa visite rappelait les jours heureux, les scènes de la vie de famille. Un grand nombre de croyants communièrent dans la boue.

Sur toute la profondeur des lignes, c'était la même activité religieuse, plus complète à mesure que le terrain se faisait plus calme. B. E..., aumônier de division, entre dans une grange où les brancardiers sont en train de masser les pieds des éclopés. Çà et là on l'appelle ; il se glisse comme il peut et s'étend sur la paille, à côté des malades, pour recevoir leur confession. Dans la nuit il revient avec sa table, son calice, sa chasuble. Ceux qu'il réveille, sur qui même il marche, s'impatientent. « Allons, les gas, c'est pour la messe de minuit. » La bonne humeur prend le dessus. Le prêtre, avec ses bottes et sa grande chasuble dorée, se tient debout devant l'autel, dans la paille. Tous entonnent avec lui le *Noël chrétien*, et puis son allocution ranime les vieux souvenirs. Qui n'a pas, au lointain de son âme, un porche d'église illuminée au fond d'un village sur lequel tombe la neige ? Il s'y joint la douce voix d'une mère et notre main dans sa main. Beaucoup en célébrant la naissance de l'Enfant Dieu songeaient à leur dernier-né. Les soupirs, les pleurs, le courage des femmes françaises (de tous âges) étaient présents dans cette grange glaciale. Pour quelques-uns, c'était la plus tragique veillée des armes.

L. L..., aumônier de division coloniale, raconte comment il officia au fond d'une étable, à côté de deux vaches somnolentes :
« Les assistants devaient se battre au sortir de la messe, dans des conditions telles que la plupart y resteraient. J'étais très ému en leur commentant, au son du canon, le mot *Emmanuel*, Dieu est avec nous. Presque tous communièrent, officiers, soldats pêle-mêle, le général Reymond à leur tête, à qui je devais fermer les yeux le lendemain

même, frappé de trois balles. » *(Impressions de guerre de prêtres soldats, recueillies par Léonce de Grandmaison.)*

Les protestants firent leur office autant qu'ils le purent, petit cénacle grave, simplifié. « Le jour de Noël, raconte l'un d'eux, nous nous sommes trouvés réunis dans un grenier autour d'une table munie d'une couverture de coton, cinq soldats, dont un prisonnier en prévention de conseil de guerre. Émouvante réunion pour tel d'entre nous privé du culte en commun depuis des mois ! La confession des péchés, les passages bibliques, prennent un relief particulier. Comme les mages d'Orient, nous avons vu l'étoile s'arrêter au-dessus de l'étable. Puis, le culte terminé, le prisonnier dûment raccompagné, les indifférents partis, nous avons rompu le pain dans une assiette, versé le vin dans un gros verre, et sans liturgie, avec le seul récit de saint Matthieu, nous avons commémoré le plus grand don de l'histoire, nous unissant à nos parents dans l'espérance, à nos amis dans l'amitié profonde, à nos ancêtres dans la foi. »

Mais, le plus souvent, les soldats calvinistes, trop isolés pour rien organiser, entrèrent dans la chapelle catholique. Pourquoi les juifs eux-mêmes n'y fussent-ils pas venus? Ils ont donné ce Dieu au monde. Cette fête célèbre un souvenir de Judée, la crèche de Bethléem, une première heure très pure. Et puis, aujourd'hui, sur les pentes du Calvaire de France, Israël est mêlé aux enfants du Christ. L'église chrétienne ouverte à tous, chante et prie devant tous, pour tous, sans demander à personne ses raisons. Chacun y peut songer, s'attendrir, s'enchanter à sa guise, et quand le prêtre entame le *Pater noster*, qui donc fermerait son cœur? C'est la prière authentique du Christ. L'incroyant y trouve tous ses vœux formulés depuis deux mille ans. Comment se refuserait-il la douceur de répéter avec la foule, avec les meilleurs, le long des siècles, ce que son cœur lui suggère ce soir : *Adveniat regnum tuum, Fiat voluntas tua.*

Beaucoup allèrent communier. Nul sourire de ceux qui, jadis, auraient aimé gouailler. Chacun sentait que tout cela tournait au bien de la patrie. Qu'importe où nos camarades prennent leur force dont bénéficie la maison commune?

Au sortir de ces instants religieux, tous rompirent le pain ensemble. Il n'était si pauvre famille qui n'eût envoyé à son soldat, fils, mari, parent, quelque victuaille. Le plus grand nombre furent mises en commun. Banquet sacré, banquet du peuple, celui que rêvait Michelet. Cette heure faisait le lien des âmes. En même temps que les personnes, les doctrines, les opinions étaient là, coude à coude, et trouvaient à cette table un foyer accueillant.

Ces soldats, depuis des semaines, venaient d'entrevoir ce que serait une existence sans besoins et la véritable amitié.

Rien n'est plus capable de niveler les classes que des angoisses partagées, toutes choses mises en commun, et la mort continuellement affrontée ensemble. Les privilégiés de la veille se voyaient dépouillés, devenus chacun *unus multorum*, un dans la foule, mais en même temps débarrassés, purifiés, guéris de la sécheresse de cœur. Ils reconnaissaient chez ceux qu'ils avaient jusqu'alors tenus pour des inférieurs et dont ils suspectaient les doctrines, une admirable profusion intérieure, l'absolue prodigalité de soi. Ils se sentaient initiés à la bienveillance universelle, au bonheur de reposer parmi des compagnons d'armes. La seule idée qu'on pourra être enterrés ensemble ne crée-t-elle pas une sorte de parenté? Un monde d'idées nouvelles, ou plutôt de sentiments s'agitaient. Les protestants et les catholiques se croyaient revenus au temps de la primitive Église. Un secteur avec ses tranchées et ses cagnas ressemble beaucoup à ces petits réduits qu'étaient les premières communautés, groupées dans les catacombes, dans un pauvre faubourg, et dont les fidèles, plus unis que des frères, vivaient de la même foi et des mêmes espérances. Enfin les misères de la guerre produisent une vie en commun, un collectivisme de la tranchée. Cela touchait les révolutionnaires. Le socialisme est sorti de la misère. Ils disaient : « Nous vivons, sous la mitraille, en République sociale. Si l'on prolongeait cette fraternité, il n'y aurait plus besoin de lutter les uns contre les autres... »

L'horreur du présent rejetait tous ces hommes vers l'avenir, le leur ou celui de leurs enfants. Ils mêlaient leurs rêves, leurs plaintes, leurs plaisanteries et tout le répertoire de leurs chansons. La plus grossière même, s'il en est, ne choquait personne. On connaît le camarade qui l'entonne ; on l'a vu souffrir, être un brave ; on sait que son âme est simple, pure, fraternelle. Tout s'achevait et s'épurait dans la

Marseillaise. Arrivés à la strophe sublime, « Liberté, Liberté chérie, » beaucoup, en chantant, regardaient leur voisin chanter et croyaient recevoir de lui une promesse fraternelle, un consentement à toutes les idées. Cette nuit était pleine d'espérance et de réconciliation. Il était impossible qu'il n'y eût pas une compensation à tant de maux. Une épreuve si effroyable devait rendre les gens de l'arrière meilleurs, comme ils se sentaient eux-mêmes. Sans doute, on vivait des jours bien misérables, mais tous croyaient à la vertu souveraine de leur sacrifice. S'il est un camelot du roi à ce banquet et qu'il entonne son chant d'allégresse et de lutte, le refrain prophétique s'élargit, gagne toute la table :

> Demain, sur nos tombeaux,
> Les blés seront plus beaux.

Les convives de cet immense banquet se virent, s'écoutèrent, se reconnurent et se justifièrent. La France comprit l'unité de son cœur. Au cours de cette nuit qui mérite de demeurer comme une cime dans l'histoire religieuse de l'humanité, l'âme déploya ses ailes au-dessus du corps sacrifié. Ils crurent leur rêve réalisé.

Le lendemain des milliers de lettres, où ils avaient recueilli en hâte leurs émotions, venaient raconter à tout le pays comment les soldats de la France avaient entrevu le règne de Dieu sur le champ de carnage.

CHAPITRE X

LES SOLDATS DE VINGT ANS SE DÉVOUENT POUR QUE NAISSE UNE FRANCE PLUS BELLE

*A Edmond Rostand,
après avoir entendu le Vol de la Marseillaise.*

Les soldats français meurent pleins d'espérances qui ne seront pas trahies. Les prières, le vœu des tranchées seront exaucés, et leur amitié durera. Témoin cette splendide jeunesse, un trésor, un bien pour toujours ; témoin les jeunes classes, où déjà l'on distingue la France de demain.

Depuis deux ans et demi, nos jeunes soldats reçoivent les leçons de la guerre, et sous de tels marteaux, dans une telle fournaise, les différences et les divisions qui hier nous semblaient capitales ont complètement disparu. Sur cette adolescence, rien ne subsiste que les diversités qui viennent de la nature et de l'histoire, qui sont dans le métal même et qui constituent l'alliage français. Depuis deux ans et demi, ils conquièrent leur majorité, leurs Croix de guerre et leurs épaulettes coude à coude, et se forment sur le même modèle ; ils s'initient aux règles de la discipline et de la hiérarchie, au secret de toute action coordonnée ; ils amassent un trésor de pensées graves et d'amitiés qui fourniront à l'étendue de toute leur vie. Aujourd'hui, pour toujours, chacun d'eux appartient à ce monde des tranchées par ses impressions profondes, par ses premières et grandioses expériences. Une telle éducation, c'est la France unifiée et purifiée. En eux s'accomplit une glorieuse résurrection de nos plus belles époques et je ne sais quoi de plus grand.

Déjà nous les avons croisés, dans les divers groupes que nous venons de parcourir, ces « bleuets » de toutes familles, enfants lumineux, pleins de vie, aimant la nature, leurs parents, la patrie, et acceptant si bien de mourir. Mais je voudrais faire voir leurs regards tournés vers l'avenir.

Ce regard, d'une pureté inoubliable, qui interroge à l'horizon, non pas leur propre destinée, mais celle de la patrie, comment le rendre sensible ? En vain, de toute ma piété, je chercherais à recueillir leur accent, le son de leur âme; soudain, avec déplaisir, c'est ma voix qu'on entendrait. Le mieux est de faire sortir des rangs (et pris aux quatre coins de la France) quelques-uns d'eux, et qu'ils parlent, qu'ils nous laissent saisir sur leur visage même, sans intermédiaire, leur bonne volonté prodigieuse et leur accord profond avec le sacrifice que réclame la patrie. Ecoutons ces petits soldats, aimés de leurs camarades, ignorés des chefs, confondus dans le rang, quand ils causent en toute confiance avec leurs familles.

Nettement, ils se donnent pour tâche l'accroissement de la patrie au prix de leur sang. Ils veulent que la France fleurisse de ces carnages, et par elle l'humanité.

Le jeune Alfred-Eugène Cazalis, fils de pasteur, étudiant à la Faculté de théologie de Montauban, soldat au 11e d'infanterie, qui va mourir à dix-neuf ans pour la France, écrit à ses parents :

De plus en plus, en face de ceux qui ont lutté et qui sont morts, en présence de l'effort immense qui a été tenté, je pense à la France qui vient, à la France divine qui *doit* être. Je ne pourrais pas me battre si je n'espérais pas dans la naissance de cette France-là, qui, elle, aura valu qu'on tue et qu'on meure pour elle... (Lettres publiées aux éditions de *Foi et Vie*.)

Jean Rival, né à Grenoble, fils d'un professeur du lycée, étudiant à Lyon, qui va mourir pour la France à dix-neuf ans, écrit à son plus jeune frère :

... Mon plus grand réconfort, dans les moments difficiles que j'ai à passer ici, c'est de penser que vous tous, mes petits frères et sœurs, vous faites comme moi votre devoir. Mon devoir à moi, c'est de me battre bravement ; le vôtre, le tien, c'est de travailler aussi avec courage. Si peu, si petit que tu sois dans la grande France, tu te dois à toi-même de te cultiver pour te grandir, t'enrichir, t'ennoblir. Après la guerre, il manquera à la France des intelligences, des pensées, des bras : c'est vous, les gosses d'aujourd'hui, qui serez la jeunesse de demain. Il faut que tu puisses remplacer alors un des soldats morts pour la patrie... (Lettres communiquées.)

Léo Latil, fils d'un médecin d'Aix-en-Provence, sergent au 67ᵉ d'infanterie, qui va mourir pour la France à vingt-quatre ans, écrit à sa famille :

Les sacrifices seront bien doux, si nous avons une victoire bien glorieuse et s'il y a plus de lumière pour les âmes ; si la vérité en sort plus claire, plus aimée... Il ne faut pas perdre de vue que nous allons nous battre pour de grandes choses, pour les plus grandes choses. De toute façon, la victoire que nous aurons sera une victoire des forces de l'idéalisme... (Lettres publiées par Henri Brémont, chez Bloud.)

Le jeune Antoine Boisson, né d'une famille de soldats, à Lure, dans une de ces petites villes de l'Est pleines de vertus militaires, quitte le lycée pour s'engager au premier temps de la guerre. Aspirant au 47ᵉ d'artillerie, il va mourir à dix-huit ans pour la France et il écrit sur son carnet de route, à la date du 1ᵉʳ janvier 1916 :

Aujourd'hui commence la nouvelle année : ce sera l'année de la victoire. Que sera-t-elle pour moi ? Sans doute, si Dieu me prête vie, l'année qui marquera le plus dans mon existence. Je vais me battre, faire la guerre, la vraie guerre, la guerre sainte, qui a déjà eu depuis dix-sept mois tant de victimes, mes amis, mes camarades, mes compatriotes... Quel que soit le destin qui m'attend, je ne veux pas m'arrêter à interroger l'avenir. Sans doute, je me suis demandé ce matin : Que sera-t-il de moi lorsqu'une nouvelle année viendra remplacer celle-ci ? Mais ma conscience a vite répondu : Fais ton devoir, tout ton devoir... C'est la seule pensée digne d'un soldat volontaire comme toi. Que l'esprit et le cœur annihilent les instincts animaux et les révoltes de la nature ! Il faut avoir devant soi un grand rêve à poursuivre, un but. Et cette guerre n'est-elle pas pour dresser les caractères ? C'est elle qui a développé en moi ces sentiments dont je tire orgueil, sans pouvoir dire pourquoi.

Je suis fier d'être soldat, d'être jeune, de me sentir brave et plein d'entrain ; je suis fier de rendre service à mon pays, à la France... La fidélité au drapeau, l'amour de la patrie, le respect de la parole donnée, le sentiment de l'honneur ne sont pas pour moi des mots creux et vides de sens ; ils résonnent comme un appel de clairon dans mon cœur de dix-huit ans, et c'est pour eux, s'il le devient nécessaire, que je saurai aller jusqu'au bout du sacrifice... (Lettres communiquées.)

Des milliers de voix, toutes pareilles, s'élèvent des classes 14, 15, 16, 17 à mesure que la patrie les appelle (17). Un jeune gradé, chargé en novembre 1914, de l'instruction des Marie-Louise, normands et bretons, à la caserne de Saint-Lô, leur demande de faire la page d'écriture habituelle. Sujet : vos impressions en arrivant au dépôt. Voici, prise au hasard, une de leurs copies :

Tremblez, Allemands, la France vient de lever à la hâte son plus grand espoir, la classe 14. Ils ont vingt ans. Des gosses, direz-vous ; que peuvent-ils faire contre la « kolossale » armée allemande ? Ce qu'ils feront, ces jeunes gens dont les muscles déjà exercés palpent avec amour la crosse de leurs fusils ? Ils feront comme leurs aînés, comme ceux de Valmy, d'Austerlitz, de Rivoli et de Solférino : ils vaincront ! (Dossier communiqué par le sergent Gosset.)

Tous sublimes, ces accents s'accordent. Autant de pages j'arracherai aux jeunes carnets de guerre, autant de variantes d'un même thème. Il n'est pas deux feuilles identiques dans la vaste forêt, mais toutes, dans cet orage, aspirent à joncher le sol pour en accroître la fécondité. Ces enfants se dévouent au plus bel avenir... Et voilà qu'en même temps qu'ils font la France de demain, elle se fait en eux. Déjà cette merveille apparaît à la surface de leur être, dans leurs propos, dans leurs actes. O sainte préfiguration !

Je ne veux pas tomber dans l'erreur de mettre en système leurs élans, leurs aspirations, et de durcir hâtivement ce qui est libre, naissant, flexible. Regardons vivre, respirer et se nuancer leurs jeunes sensibilités, et de jour en jour, en lisant leurs lettres, en suivant leurs émotions qu'ils envoient à leurs familles, nous distinguerons que leurs instincts s'engrènent et s'organisent. Sous la grande nappe sillonnée de terribles remous, des milliers de petites îles de corail se rejoignent, se soudent et c'est une terre nouvelle en train de se former.

Léo Latil quitte sa ville natale d'Aix-en-Provence où, près des siens, il a préparé sa licence en philosophie, sous la direction de Maurice Blondel, l'auteur insigne de l'*Action*.

Quels beaux coteaux, quelles belles rivières ! dit ce petit Provençal, à mesure qu'il va vers le nord. Vraiment ce pays de France vaut qu'on se batte pour lui...

Il arrive dans les bois de Meuse, voisins des coteaux, des sources et des bosquets de Jeanne d'Arc.

Une colline boisée où s'étagent trois lignes de tranchées ; en face, l'autre versant de la vallée tenue par eux. Quelle terre admirable ! La plus douce de France. Si vous saviez comme les bois sont les amis des soldats. On peut sortir des trous et des cagnas de feuillage ; on se lave aux sources claires ; les taubes ne vous voient pas. Il n'y a qu'un désagrément, c'est que ces vilains singes d'en face grimpent sournoisement sur les arbres et nous canardent.

Je ne connais pas de poésies pastorales plus limpides, plus transparentes que ces lettres où l'on voit passer soudain le lièvre de Cowper et les perdrix de Francis Jammes. Le jeune guerrier les accompagne d'un regard d'enfant bienveillant.

... Ce qui m'adoucit toujours toute épreuve, c'est de vivre si près de la nature à tout instant et de la connaître mieux qu'aucun *civlot* ne le fit jamais. Un soir qu'arrivés trop tard, le petit instituteur et moi, nous n'avions plus trouvé de place sous les baraquements, nous nous sommes étendus côte à côte au pied d'un grand hêtre, et presque tout de suite la pluie s'est mise à chanter sous les feuilles. Le grand arbre n'a pu nous protéger. Mais je pensais : « Que peut-il m'advenir de mal de cette nature qui m'est si amie ?... » Une autre nuit, dans un vallon perdu, j'ai entendu un rossignol chanter si merveilleusement que sa voix nous a fait taire longtemps... La nature me console ; elle est mon amie, je suis dans son intimité ; j'ai épié tous les moments de la nuit et du jour. J'ai vu dans ces bois de la Meuse, que j'appelle mes bois, naître chaque feuille, reverdir chaque taillis. Ils m'abritent et me protègent quand survient la tourmente...

Cette familiarité avec la nature, très fréquente chez nos jeunes soldats, est bien émouvante. Ils retrouvent là une mère qu'à leur âge, dans une vie heureuse, ils n'auraient pas reconnue. En écoutant Léo Latil, j'ai très sûrement l'impression de voir un exilé, un petit descendant de Théocrite et de Virgile, un berger sicilien dans nos bois de Lorraine, et, quand je veux le dire, lui-même me devance :

Le clair de lune est magnifique : j'ai dormi comme un pâtre sur un lit de feuilles mortes, malgré le bruit effrayant des 75 qui claquaient derrière nous.

D'autres ont aimé la nature autant que l'aime cet enfant, et Maurice de Guérin, quand il venait de son beau Midi, a senti comme ce petit Provençal le ciel du Nord, mais que faisaient-ils, ces grands peintres, de leur enivrement agreste? Léo Latil le transforme en vertu. « Je veux délivrer ces coteaux, ces bois aux ondulations harmonieuses qui sont derrière les tranchées ennemies. » Il le dit et le répète. Et cette fusion des impressions calmes et suaves des bois de Meuse avec un cœur plein de sacrifice nous émeut jusqu'à la douleur. Ce petit soldat résout la difficulté que l'on croyait voir entre le culte de la nature et le christianisme héroïque. L'immolation, l'esprit de sacrifice nous semblaient inconciliables avec l'adoration de cette enchanteresse. Combien aisément il soumet le grand Pan au divin crucifié ! La beauté du ciel, des bois et des rivières de la terre française lui fournit des motifs en supplément pour accomplir son devoir.

Et de même les souvenirs de la vie de famille, les lettres quotidiennes d'où s'exhale le parfum de bonheur et de tendresse qui circule dans une maison heureuse, loin d'alanguir ce jeune cœur, l'affermissent. Un enfant naît dans la famille ; Léo Latil écrit à la jeune mère :

Je vous félicite. Comme le poilu est un objet qui n'est pas du tout incassable, il faut bien songer à le remplacer. Et puis c'est une joie de penser que nous nous battons pour tous ces petits qui auront une vie tranquille et libre.

Ce cœur, rappelé vers la maison d'Aix-en-Provence ou dispersé dans la nature, demeure pourtant fidèle au bataillon et ponctuel dans le métier :

Je voudrais que vous vissiez le cortège des poilus qui reviennent des tranchées à l'arrière ; ils ont de longues barbes et de longs cheveux; ils sont vêtus de boue, appuyés sur des cannes et portent sur le dos un curieux et volumineux attirail de couverture, d'outils, de plats de campement. On dirait que tous les pauvres de toutes les rues et de toutes les routes, que tous les misérables se sont formés en cortège; mais leur moral est si beau que nous avons toujours envie de les acclamer...

... Je fais mon apprentissage de sergent. Rien de

difficile, mais une préoccupation constante de mille petites choses. Avoir constamment un extrême souci de la justice. Il faut exiger beaucoup : avoir de l'autorité, en acquérir encore, sans perdre le contact des hommes ; il faut pouvoir remonter et consoler. Tout cela s'acquiert et se mérite...

Et cette haute idée de la dignité du commandement, ce beau désir de tenir au mieux l'emploi le plus modeste dans la hiérarchie, nous conduisent à voir que sous cette poésie parfumée, joyeuse et d'un goût parfait, pareille aux chansons immortelles de Mistral, respire une âme forte :

Ne priez pas, dit-il aux siens, pour que les souffrances me soient épargnées ; priez pour que je les supporte et que j'aie tout le courage que j'espère.

De tels êtres ne contiennent pas un coin sombre. On y voit tous les ressorts jouer en pleine lumière, jusque dans les parties mystérieuses. Sa famille, la terre de France, ses compagnons d'armes, sa religion, voilà ce qui remplit cet enfant harmonieux et lui conseille de faire son devoir. Il est prêt maintenant, il va quitter le pays de Jeanne d'Arc, le quitter en septembre, quand l'année lorraine prend sa plus profonde douceur, et, dans le même mois, le jeune héros accomplira son destin.

Si vous aviez vu nos adieux ! Le soir, une cuisine de campagne, une immense cuisine de Lorraine, bien propre, un grand feu dans la vaste cheminée. Déjà le jour se voilait, en même temps que montait le brouillard sur la plaine. Le patron avait fait chercher des bouteilles qui encombraient la table. Nous étions là debout, appuyés sur nos fusils ; les deux petites, adossées au mur, sanglotaient à fendre l'âme; le vieux lui-même était ému. Nous plaisantions, nous autres, et je faisais le crâne avec ma pipe américaine entre les dents. Nous avons trinqué une dernière fois et embrassé des joues salées de larmes. Puis nous sommes partis en traînant nos fusils sur le parquet... C'est comme une image d'Épinal, un de ces moments de poésie et de légende qu'on croirait n'exister que dans les livres...

Avant qu'il s'éloigne de chez nous et de cette Lorraine dont il disait « Lorraine si verte avec ses coteaux, ses rivières, ses pâturages et ses forêts, nous y reviendrons

en pèlerinage après la guerre », avant qu'il meure, prenons de ce jeune Provençal une dernière image dans la campagne de Bar-le-Duc :

> Nous étions dans un verger, couchés, attendant des ordres. Je défendais aux hommes de cueillir des prunes ; on n'avait le droit de ramasser que celles tombées dans l'herbe, mais les petits des villages, qui nous suivent toujours, sont montés dans les arbres et ont secoué. Quelle pluie de mirabelles et que c'était bon...

O Jean-Jacques, voilà qui vaut mieux encore que votre cerisier d'Annecy et les deux demoiselles charmantes. Ici l'herbe est pleine de jeunes héros, et ce sont des gamins de Lorraine qui « hochent » les mirabelliers.

Une minute encore ; jamais nous n'aurons de ces jeunes morts trop d'esquisses, recueillons de celui-ci huit lignes rapides, un portrait moral, que je demande qu'à l'étranger on retienne comme le portrait type du jeune Français. Ceux qui en goûteront la mesure et la profondeur sauront par là qu'ils sont dignes d'apprécier l'excellence de notre nation.

Il m'arrive, écrit Léo Latil, de m'attacher à un rêve, mais le plus souvent je vis, au milieu de mes hommes, leur vie, de tout mon cœur. La plupart sont si bons ! Et puis j'aime cette solitude un peu amère, ces mortifications physiques continuelles et ces dispositions de l'âme épurée, toujours prête à prier.

Ainsi parle, au pays de saint Louis, de Jeanne d'Arc et de Pascal, un enfant bien né qui possède, combinées à la française, les trois aptitudes au rêve, à la générosité, à la haute spiritualité. Jeune homme parfait !

Léo Latil est tombé le soir du 27 septembre 1915, sur une tranchée allemande, à l'ouest de la ferme de Navarin, en Champagne, tandis qu'il entraînait à la baïonnette une section du 67ᵉ, dont le lieutenant venait d'être tué.

Maintenant, regardez, écoutez Alfred Cazalis, fils et petit-fils de pasteurs missionnaires.

Alfred Cazalis, c'est l'orthodoxie agissante et tendre, c'est le dogme traduit en charité et sentiment, c'est un bon et délicieux enfant qui dit à Dieu : « Je suis à toi et aussi à tous mes frères ». Avec ses dix-huit ans et couvé dans cette chaleur de religion, il va mêler sa piété à toute sa vie si brève de guerre. Chez ce petit saint calviniste, le rêve prend une forme tout à fait singulière, mais où fermente l'ardeur commune à tous ces jeunes soldats de créer une France plus belle.

Ma préoccupation essentielle, dit-il, est celle de la légitimité de cette guerre. J'ai confiance que notre cause est juste et bonne, et que nous avons le droit pour nous. Mais il faut que cette guerre soit féconde, et que de toutes ces morts jaillisse une vie nouvelle pour l'humanité.

Je songe sans cesse à la France de demain, à cette jeune France qui attend son heure. Il faut qu'elle soit une France consacrée, où chacun n'aura qu'une raison d'être, le Devoir. On ne vivra qu'en tant qu'on connaîtra son devoir et qu'on luttera pour l'accomplir. Et c'est à nous, protestants, ou plutôt à nous, « croyants », qu'il appartient de révéler cette vie nouvelle au monde.

« Notre devoir, c'est d'être des apôtres. Jésus l'a défini : « Soyez parfaits comme votre Père céleste » est parfait ». Parfaits *en nous*, cela signifie développer notre personnalité jusqu'au bout et lui faire donner tout ce qu'elle peut donner, la pousser jusqu'à la stature parfaite du Christ. Et puis parfaits *dans les autres* (car, n'est-ce pas, nous croyons à la communion des saints), ce qui veut dire prier pour eux, pour qu'ils sachent plier leurs consciences et leurs volontés à la volonté royale de Dieu. »

Voilà ses pensées premières, voilà d'où part cet enfant plein du génie religieux de sa maison familiale, et, jour par jour, durant sa courte année d'apprentissage à la vie, il s'occupe passionnément à recevoir la leçon des faits.

Étant au dépôt, il écrit :

J'essaye de profiter de ces jours de repos pour me préparer encore. J'ai du temps pour lire et méditer. Le matin, je tâche de m'échapper sur les côteaux pour prier et, le soir, je vais me recueillir un moment dans l'église.

Mais c'est dans l'action surtout qu'il s'instruira. « J'avais souvent rêvé de cette heure où j'entrerais dans la réalité. » Un jour, dans la tranchée, il songeait à la mort et lui cherchait un remède :

Il est infiniment doux, dans des moments comme celui-ci, de sentir qu'il y a d'autres âmes autour de nous, qui, si nous ne pouvons pas le faire, sauront élever bien haut le flambeau que nous venons de porter en avant...

Mais soudain il s'arrête, il écarte ce vol des oiseaux de deuil :

D'autres ? dit-il... J'ai trop foi dans la vie et dans sa valeur pour m'arrêter à cette hypothèse. Je ne veux pas me préparer à la mort, mais à la vie. A la vie éternelle sans doute, mais plus immédiatement à la vie terrestre... Quand je reviendrai, il faudra que je sois changé ; je n'aurai plus le droit d'être ce que j'étais ayant, sinon à quoi m'aurait servi cette guerre ? Elle doit renouveler l'humanité, et notre devoir n'est-il pas d'être renouvelés nous tous les premiers ?

Et le voilà qui, pour concilier ses chances noires et sa jeune ardeur à la vie, décide qu'il vaincra, que par delà le tombeau il veut travailler encore et que dans l'éternité il poursuivra sa tâche spirituelle terrestre.

Une heure grave arrive... il faudra marcher à la baïonnette... Si j'y reste, je demande une chose, c'est que le peu de forces consacrées qui était en moi puisse rejaillir sur ceux que j'ai aimés et qui m'ont aimé, sur tous mes compagnons d'idéal et de labeur.

Et, dans le même temps, cet autre texte sibyllin :

Je me sens déjà changé. L'être abstrait qui était en moi tombe à petits coups. Bien des réalités de l'ordre spirituel, qui n'étaient que des fantômes, sont devenues chair et vie, par une expérience à chaque instant renouvelée. J'apprends à vivre.

Qu'est-ce à dire ? Quelle est donc cette vie que cet enfant apprend en même temps qu'il apprend à mourir ? C'est le grand secret. Mais je crois entendre avec émerveillement cette jeune bouche d'ombre. L'existence, nous dit-elle, peut être un dégagement constant, un acheminement, un déploiement qui commence ici-bas et se continue quand l'être « en partant pour le ciel » épanouit ce qu'il avait créé dans son intérieur. La vie éternelle, si je comprends bien ce jeune lévite mystérieux, n'est pas un repos ; ébauchée ici-bas, elle ne change pas de qualité après la mort; après la mort, les hommes continuent le noble labeur de la terre. Les jeunes soldats tombés pour la France travailleront encore à l'œuvre sainte de la patrie.

Sous ce langage insuffisant et délicieux (on dirait une mauvaise traduction du Cantique des Anges), je vois et j'admire combien la discipline de la guerre a vaincu dans les jeunes cœurs les ferments d'anarchie auxquels nous trouvions tant de beauté, jadis. Quelle tendance violente à la vie en groupe ! Quel besoin de former, à travers le temps et l'espace, une unité indissoluble avec les êtres capables de construire ! Quelle superbe volonté de se joindre éternellement aux meilleurs ! Quatre jours avant sa mort, cet enfant religieux, ému de pressentiments, voulut établir son avoir d'âme et récapituler ses expériences principales :

D'abord, l'expérience des hommes. En ces heures où, à chaque instant, on expose sa vie, ils se montrent tels qu'ils sont, n'ayant plus la forfanterie du bien ni du mal. Tout ce qui n'était en eux qu'acquisition factice et masque disparaît, et l'on fait ainsi la connaissance des âmes dans des conditions qui sans doute ne se retrouveront jamais.

Ensuite, l'expérience de la communion des saints. A aucun moment, je ne m'étais senti aussi près des miens et de tous ceux que j'aime ; jamais je n'aurais cru que, malgré les distances nous puissions être unis d'aussi près à ceux qui luttent avec nous...

Et c'est cela qui m'a conduit à la plus belle de ces trois expériences : à la valeur unique et merveilleuse de la prière.

Quatre jours plus tard, le 9 mai 1915, à Roclincourt, en Artois, Alfred Cazalis mourait, au côté de son lieutenant, dans une charge à la baïonnette. Son commandant, qui trois jours plus tard allait tomber lui aussi, écrivit alors à M. le pasteur Cazalis : « Je les pleure tous, mes chers petits soldats, mais surtout le vôtre, qui avait prié avec moi la veille au soir ».

Je copie de telles pages, je m'attache à

la respiration de ces jeunes héros, je ne mets pas d'autre ordre dans leurs pensées que la ligne d'ascension de mon admiration.

Jean Rival, à dix-neuf ans, est aspirant au 14ᵉ bataillon de chasseurs. Comme Antoine Boisson, Alfred Cazalis, Latil, comme tous ses petits compagnons de guerre, il aime la vie. Au milieu du péril, ces jeunes êtres font leur déclaration d'amour à la lumière, à l'espace, au mouvement, à l'espérance ; mais ils préfèrent la France, et Jean Rival écrit à une jeune parente une lettre où le chant du départ, l'éternel chant de la vingtième année, se mêle et se subordonne au cantique de l'acceptation :

Je sens en moi une telle intensité de vie, un tel besoin d'aimer et d'être aimé, de me répandre, d'admirer, de respirer en plein air, que je ne peux croire que la mort puisse me toucher. Néanmoins, je me rends bien compte que notre rôle de chef de section est extrêmement périlleux : conduire des hommes au combat, c'est se désigner aux coups. Beaucoup sont tombés, beaucoup tomberont encore;

je viens d'apprendre la mort de plusieurs de mes camarades arrivés récemment sur le front comme aspirants. Si cela m'arrivait, je compte sur vous, ma chère J..., pour consoler mes parents. Vous leur diriez que je suis mort, face à l'ennemi, protégeant la France de ma poitrine, et que ce n'est pas en vain qu'ils m'ont élevé jusqu'à vingt ans, puisqu'ils ont donné un défenseur à la France. Dites-leur bien que mon sang n'a pas été répandu inutilement, et que ces nombreux et douloureux sacrifices de vies individuelles sauveront la vie de la France.

Ces enfants, dans leur dure vie, ne veulent pas être plaints, ni ménagés, ni admirés.

J'ai appris avec étonnement, écrit-il à ses parents, que M... était allée voir à mon intention le capitaine V... et le commandant de R... C'est par trop « culotté » ! Que M... ne s'inquiète donc pas, qu'elle ne s'agite pas, qu'elle reste calme. Pourquoi aussi me dire toujours mon « pauvre » Jean ? Nous n'aimons pas à être plaints comme cela ! Dites-moi « mon cher Jean » ou « mon brave Jean », ou « mon petit Jean ». Pourquoi « pauvre » ? Serait-ce parce que je fais mon devoir comme tous mes camarades ?...

Et quel est son devoir ? Quelle existence

mène-t-on dans le secteur atroce de la Tête de Faux ?

Nous sommes à 30 ou 40 mètres des Boches. On ne circule que dans des boyaux étroits et profonds, remplis de boue, de flaques d'eau, séparées par de gros cailloux qui nous font trébucher. Au moindre coup de feu, on redoute une attaque. Pendant la nuit, je fais faire des rondes, et le jour je dois surveiller les travaux, de sorte que je n'ai pas un instant à moi : à peine puis-je prendre un peu de repos sur de la paille humide, dans une cagna où je n'entre qu'à genoux. Malgré cela, le moral est excellent...

Je commande un peloton, c'est-à-dire deux sections : la mienne et celle de l'adjudant blessé par un obus. J'ai donc une assez grosse responsabilité, mais petit à petit on se fait au métier. Il n'y a que les relèves qui soient ennuyeuses. Partir vers minuit, suivre dans la nuit sombre, à travers les sapins, un sentier caillouteux et couvert de verglas ; observer un silence absolu, tomber, se relever, s'égarer, retrouver enfin son chemin et, une fois arrivés, placer les sentinelles, faire coucher les hommes, reconnaître, en cas d'attaque, les tranchées de combat ; enfin songer à soi, et se jeter sur la paille, le revolver à la ceinture..., voilà ce que c'est qu'une relève.

Et pourtant écoutez le cri que jette, de ces lieux de douleur et de mort, le jeune garçon au jour de Pâques 1915 :

Joyeuses Pâques ! Joyeuses Pâques ! Excuse la brièveté de ma lettre, je ne suis plus au repos, je suis en première ligne dans une cagna obscure où il pleut et où je ne peux me tenir qu'à genoux. Je commande en ce moment deux sections : aussi ai-je beaucoup à faire. Il me reste cependant assez de temps pour te dire que je vais très bien, que je t'aime, et que je suis très heureux. Joyeuses Pâques !

Quelle intensité de vie intérieure suppose un tel billet, et encore cette exclamation que je détache d'une autre lettre :

Terre d'Alsace que j'adore à l'égal de notre Dauphiné !

Elle est admirable, la spiritualité d'un tel vivat chez un enfant de vingt ans qui, nuit et jour, souffre dans la boue, à son humble rang ! Où puise-t-il ce génie de générosité ? Écoutez la missive d'un jeune chevalier français, au cœur pur :

Ma chère J... Comment vous remercier de tout le bien que vous me faites : par vos lettres si pleines de chaudes paroles qui réconfortent, si douces comme celles d'une sœur aînée qui me manque, mais que je trouve en vous... Que puis-je faire pour vous prouver ma reconnaissance ? Bien me battre ! pour bien vous défendre, et défendre avec vous toutes les jeunes filles de France qui se dévouent en ce moment pour leurs frères du front ; bien me battre pour vous épargner l'odieux contact des barbares que nous contenons ici, un bataillon contre deux, depuis un mois et demi.

Le jour de l'assaut, ma chère J..., à l'instant suprême où sur le signe de mon capitaine, j'enlèverai ma section au cri de : « En avant ! à la baïonnette ! » à cet instant superbement tragique où l'on joue sa vie, je songerai à vous, soyez-en sûre : « En avant, les gars ! En avant à la baïonnette pour les Françaises nos sœurs ! »

L'enfant se porte sur le seuil de tous les paradis qu'il n'a pas encore connus et veut les protéger, sans une seule pensée personnelle. Combien s'embrume l'éclatante chanson du jeune Sophocle, à Salamine, auprès de cette flamme qu'aucun aliment grossier n'alimente ! Et tous pareils ! Au cri de Jean Rival : « En avant ! à la baïonnette pour les Françaises nos sœurs », répond le cri du jeune Bernard Lavergne. Que dit-il, celui-là ? Au 23 mai 1915, en Artois, Bernard Lavergne s'écrie : « C'est l'heure de l'assaut. En avant ! à la baïonnette pour la France et pour nos mamans ! »

Et cette exaltation tendre s'associe à la plus ferme raison. Ces enfants, qu'un passant superficiel croirait enfermés dans une vapeur d'enthousiasme, possèdent une sagesse vraie. Non pas des théories, mais une expérience qu'ils se sont faite eux-mêmes. Jean Rival se connaît comme un chef à qui il appartient de former l'outil de la victoire, en créant chez ses hommes un état d'esprit. Cet enfant de dix-neuf ans écrit au courant d'une lettre familière une page que les historiens de la guerre feront bien de retenir :

Si dans son ensemble il existe ici un esprit sain et noble, il est tout autre que celui de l'arrière et des dépôts. Un esprit fait d'inconscience et de fatalisme chez les uns, de grave courage chez les autres, chez quelques-uns, enfin, de froide résignation. Tous les soldats sont loin d'être des héros, bien peu même le sont. Les journaux, avec leurs anecdotes ridicules et théâtrales, font croire que tous nos poilus sont uniquement préoccupés de bien remplir leur devoir envers la patrie. Il n'en est rien, et ça a été une grande surprise pour moi de constater que soldats et chefs ne sont pas toujours unis dans une seule et même pensée, celle de la victoire ; de constater que notre action doit s'exercer sur la mentalité de nos hommes pour les convaincre tout d'abord de la grandeur de la tâche à accomplir. Ce n'est pas, croyez-moi, du jour au lendemain que l'on arrive à persuader ces lourds paysans regrettant leurs bœufs, ou ces ouvriers gouailleurs qui ont toujours à la bouche l'argot du faubourg.

J'ai de plus en plus l'impression que cette guerre n'est pas, comme on le répète trop souvent, une guerre nationale ; c'est une guerre faite par l'élite de la nation à l'aide de la nation tout entière. J'ai toujours cru, pour moi, à la nécessité d'une élite, mais d'une élite vraiment digne de ce nom, pénétrée de ses devoirs, agissante et éducatrice de la masse. Cette élite en ce moment est tenace, vaillante ; elle conduit la guerre et saura la mener à bonne fin, car les masses sont, en définitive, endurantes, patientes, susceptibles d'être noblement excitées et lancées au combat. L'officier a dans la main un outil solide. S'il est lui-même un bon ouvrier, c'est-à-dire s'il aime passionnément sa profession et son pays, soyez persuadés qu'il fera une œuvre d'art.

La merveille est que ce petit guerrier, qui sait éviter la bassesse sentimentale et l'aveuglement démagogique, conserve une noble humanité dans son âme, et c'est là le miracle de la raison française, la divine souplesse de notre race, quand elle atteint son point de perfection.

..... Les excentricités de nos chasseurs à Grenoble ? Oui, je sais, mais ce sont de braves gens. S'ils savent se battre, ils savent aussi bien s'amuser, et mon Dieu, qui pourrait leur en faire un reproche ? Ici, quand nos hommes sont restés un mois aux tranchées et qu'ils descendent à Plainfang, ils font comme les marins au retour d'une longue traversée, « ils courent des bordées »; bouteilles, cigares, joyeuses chansons... tout est de la partie. Et le chef ne peut pas sévir, il ne le *doit même pas.* Peu importe, d'ailleurs, si après toutes ces incartades, tous ces diables se lancent vaillamment à l'assaut. Inutile de te dire que les incartades de ton neveu sont de moindre envergure. Quelques verres de vin vieux, quelques cigarettes, et aussi pour être franc, quelques sourires à de jeunes Alsaciennes... c'est tout. N'aie pas peur de la **damnation de mon âme**.

Qu'en dites-vous ? **Le vieux Nestor, tant prisé de ces bavards d'Hellènes, n'était-il pas un apprenti auprès de ce petit sous-officier de dix-neuf ans ?** Et qu'une telle expérience, éclaboussée de sang, s'associe à la fraîcheur intacte du cœur, c'est ce que le monde n'avait jamais vu ! On ne peut lire sans une admiration qui va jusqu'à la douleur, telle lettre où l'enfant laisse voir comment il vient d'être bouleversé par une première communion de village, et puis s'interrompt, étant remonté aux tranchées, pour réclamer des siens le calme et l'énergie ; — telle autre lettre de charmante gratitude, où cet enfant qui donne sa vie s'inquiète du bien-être qu'il doit aux petites sommes que lui envoient les siens et dont il craint que le modeste foyer ne souffre ; — cette lettre enfin pour la fête de son père, à qui il écrit, oublieux de son propre sacrifice : « Croyez bien que je comprends la peine que doit éprouver un père en voyant partir pour le grand inconnu de la guerre un fils de vingt ans, qu'il a élevé à force de travail, de souci, d'économie... » Et toute la suite. Est-ce beau, cette volonté qui domine ce cœur tendre, aimant la vie ?

C'est vers ce temps-là qu'ayant examiné ses capacités, son courage, le dévouement de ses hommes, il dit : « Tout est prêt. » Et voici alors la lettre suprême à sa jeune confidente :

Ma chère J..., demain à la première heure, aux accents de *Sidi-Brahim* et de la *Marseillaise*, nous chargerons les lignes allemandes. L'attaque sera probablement meurtrière. Je viens, à la veille de ce grand jour, qui sera peut-être mon dernier, vous rappeler votre promesse... Rassurez ma mère ; pendant une huitaine de jours, elle va être privée de nouvelles. Dites-lui que quand on va de l'avant on ne peut écrire à ceux que l'on aime ; on se contente de songer à eux. Et si le temps s'écoule et qu'on ne reçoive rien de moi, laissez-la vivre d'espoir, soutenez-la. Si enfin vous apprenez que je suis tombé au champ d'honneur, faites sortir de votre cœur, ma chère J..., les mots qui consolent.

Ce matin, j'ai entendu la messe et communié avec foi, à quelques mètres des tranchées. Si je viens à mourir, je mourrai en chrétien et en Français.

Je crois en Dieu, en la France, en la victoire. Je crois en la beauté, en la jeunesse, en la vie. Puisse Dieu me protéger jusqu'au bout. Mais si mon sang est utile à notre victoire, mon Dieu, que votre volonté soit faite !

Pour faire connaître, aimer cette jeune nature si tendre et si forte, j'aurais pu me borner à transcrire ces *ultima verba*, et simplement je crois, ce jeune salut « à la beauté, à la jeunesse, à la vie », mais c'est par piété que je transcris toutes ces ces lignes qui font tant d'honneur à notre nation. Chez Rival et chez tous ses frères n'apparaît jamais aucun souci de la gloire : nul désir que de bien faire ; ils exhalent leur parfum intérieur, sans aucun souci de l'effet à produire, mais ils forment la parure de la France et nous les mettons en vue, non pour eux, que l'on ne peut payer, mais pour la gloire de la France.

L'assaut du Linge commença le 20 juillet 1915, vers onze heures. A une heure, Jean Rival, en menant sa section, tombait frappé d'une balle à la tête. Il repose dans la terre sainte d'Alsace.

Je m'arrête, avec quel regret ! Une multitude de jeunes soldats sont les égaux de ceux que je viens de décrire, il faudrait les entendre tous. Joseph Cloupeau, mort au Champ d'honneur à dix-neuf ans, disait : « C'est si bon de servir à quelque chose même si l'on en meurt », et découvrant de cette aube la beauté d'une vie harmonieuse, il pouvait affirmer : « Je ne suis pas deux, un chrétien et un soldat ; je suis un soldat chrétien » (*Lettres publiées par Dom Hébrard* sans adresse d'éditeur). — Le jeune Alfred Æschiman (qui va mourir pour la France), sur le point de quitter le dépôt d'Aubagne, se promène un dimanche de février 1915 dans les bois de pin et les champs d'olivier sous le soleil, et murmure : « C'est si dur de se résigner à la mort à vingt ans ! Il me faut sans relâche contempler les grandes idées pour lesquelles je dois combattre, comparer le prix d'une personnalité mesquine et impure à celui des principes moraux qui sont la gloire de notre race humaine. » *(Le Semeur* d'août 1915.) — Le jeune volontaire **Paul Guieysse** (tombé depuis au champ d'honneur) confie à l'ami qui l'accompagne au bureau de recrutement : « J'aime tellement la vie que si je n'avais pas une foi entière dans l'immortalité de l'âme, j'hésiterais peut-être à m'engager » (lettre communiquée). — **Michel Penet**, âgé de dix-neuf ans, chasseur au 8ᵉ bataillon de chasseurs à pied, raconte :

J'aurais voulu que vous assistiez, comme moi, aux demandes de départ. Le lieutenant était là, tenant en main la décision du ministre. Quels sont ceux qui veulent faire partie de l'armée envahissante ? Toutes les mains en un instant se sont levées, et ce n'était qu'un seul cri : « Moi, moi ! » J'ai vu des soldats se disputer avec leurs officiers parce que ceux-ci ne voulaient pas les laisser partir ; j'en ai vu un qui pleurait de rage... Nous avons tous des morts à venger. »

Ce 8ᵉ bataillon avait déjà été remplacé huit fois au feu. Le lieutenant disait à Michel Penet et à ses camarades : « Sachez que les chasseurs ne sont pas faits pour vivre. » Allègrement le petit soldat s'en va à son destin. Il dit : « Je m'en vais plein de confiance en la miséricorde divine ; certes, il est dur de faire un tel sacrifice lorsqu'on n'a pas vingt ans. C'est l'âge où il fait bon vivre. Demain nous serons en Argonne ; ce sera la lutte à outrance. Je combattrai pour la France, offrant mon cœur à Dieu, et le soir, lorsque la lutte terminée, je jouirai de quelques minutes de repos, ma pensée s'envolera vers vous, qui m'aimez tant et que j'aime plus encore. Quand la nuit viendra, nous unirons nos cœurs. » Sur son passage, il note : « Ce qui m'a le plus frappé, ce sont les vieilles femmes. Combien en ai-je vu qui s'essuyaient les yeux, en regardant passer notre beau bataillon. » Il arriva aux tranchées le 20 avril 1915, et le 29 mai, héroïquement, il tombait (21). *(Lettres imprimées à Chambéry, sans nom d'éditeur.)*

Comme je souffre de m'arrêter de les citer! Et j'ai donné la parole aux morts seulement. C'est par convenance, afin de les louer en toute liberté, mais les vivants sont leurs pareils. J'ai peur de paraître injuste envers les vivants. A défaut de la consécration suprême, ils possèdent cette gloire de continuer à être utiles. Touchés ou non de la balle folle, ces enfants magnifiques se valent. A peine émergé de l'enfance, chacun d'eux se confond d'une certaine manière avec toute sa génération. Ils en épanouissent la beauté et nous en rendent le parfum sans avoir eu le temps de se roidir pour devenir des individus. Corps flexibles, âmes molles et tendres, en qui la force précocement s'éveille, véridiques et modestes jusqu'à l'humilité, connaissant leur honneur et leur devoir, ces soldats de dix-sept, dix-huit, vingt ans, sont « les fils de France », comme dit l'univers qui les admire. Ils le sont pleinement et pareillement. Tous répètent : « Fatigue ? c'est affaire d'énergie, de résistance morale plus que de force physique ». Chacune de leurs biographies serait l'histoire d'un approfondissement de l'âme, et tout au fond de ces âmes diverses on trouve le même feu.

Avez-vous observé qu'ils parlent de Dieu continuellement et qu'ils prient?

Le capitaine André Cornet-Auquier, protestant, mort pour la France, raconte :

> Un capitaine catholique disait l'autre jour qu'avant chaque combat il priait. Le commandant observa que ce n'était pas le moment et qu'il ferait mieux de prendre ses dispositions. « Mon commandant, répondit l'autre, cela ne m'empêche pas de prendre mes dispositions et de me battre, et je me sens plus fort. » Alors, j'ai dit : « Mon capitaine, je fais comme vous, et moi aussi je m'en trouve bien. » (*Lettres d'André Cornet-Auquier, distribuées à ses amis.*)

Voilà deux croyants, direz-vous : il n'en manqua jamais. Sans doute, mais ils sont de religion différente et ils s'accordent. Et sur quoi ? Sur un fait. Qu'est-ce que la prière pour ces deux soldats ? Ils nous disent que c'est quelque chose qui les rend plus forts, dont ils se trouvent bien. Nous l'avions déjà lu, mais ces deux-ci le disent d'après leur expérience propre. Il y a une quinzaine d'années, dans un entretien inoubliable, le fameux Stanley m'avait raconté, à ma grande stupeur, qu'en Afrique, s'il était indécis, angoissé, en péril, il ouvrait sa Bible, y trouvait un conseil. « Bon, m'étais-je dit, c'est un Anglo-Saxon. » Mais tout de même la différence de nationalité ne fournissait pas une explication totale. Et voici qu'aujourd'hui, des compatriotes, des voisins, des enfants de notre formation placés dans des circonstances qui émeuvent tout l'être, sentent et raisonnent comme cet Anglais, et mon ami Hassler, plus âgé qu'eux et qui ne partage pas leur foi, regardant autour de lui, écrit : « Il ne faut pas se dissimuler que beaucoup d'hommes... sont soutenus par l'idée d'un être supérieur auquel ils se confient. » (*Ma campagne au jour le jour*, par le capitaine Hassler.)

C'est beau, ce *jungamus dextras* de ces loyaux soldats ; c'est bienfaisant, cette sereine soumission des croyants et des incroyants au fait ; mais vous entendez bien que mon émerveillement va plus loin. Quel génie religieux dans cette jeune génération ! Ils ne sont pas tous au même étage, nullement du même *Credo*, mais d'eux tous l'histoire dira ce qu'écrivait Léo Latil. « .....l'élément spirituel domine tout dans cette guerre ».

D'où viennent ces petits soldats sans peur et sans reproche ? La fille du Juge dans l'Écriture disait : « Nous vous demandons quinze jours pour pleurer notre jeunesse ». Eux, pas un pleur. Ce côté lumineux, ce regard plein de calme, ces pensées sublimes qui montent sans la troubler à la surface de leur être ! Sont-ce vraiment nos jeunes frères? Ils naquirent deux fois : de la terre de France, d'une vieille race où chacun est noble, et puis du péril national. Les mères françaises, les plus tendres, les plus craintives qui soient au monde, ont dit à leurs garçons en 1914 : « Je t'encouragerais de la voix, si je te voyais t'élancer au-devant de l'ennemi ». (*Parole de Mme Cornet-Auquier à son fils.*) Ces enfants ont reçu d'héritage l'antique trésor ; bien des vertus y sommeillaient ; ils ont tout réveillé.

En les regardant agir et penser, on assiste à des résurrections. Des couches de l'âme qui chez nous étaient en jachère recommencent à produire, et ces jeunes gens possèdent des richesses intérieures que nous avions perdues. Sans rien écarter de ce qui faisait notre trésor (car ils montrent au moins autant que nous les aptitudes positives et le sens des réalités de surface), ils ne laissent rien de morne dans les parties mystérieuses de leur être et ils ont retrouvé les puissances des siècles de l'enthousiasme. Par là ils sont des natures plus complètes que n'étaient leurs aînés et s'approchent davantage du type de l'homme intégral.

Acceptation du sacrifice, sentiment d'une haute présence à côté d'eux, les voilà le plus souvent, et s'il fallait une image pour les symboliser, je n'en vois pas de plus vraie que celle qui sort d'une phrase que Bernard Lavergne, le treizième enfant du peintre verrier Claudius Lavergne, écrit à sa famille : « ... Ce soir, départ pour la tranchée. Cette nuit, je veillerai sur vous, l'arme à la main ; vous savez qui veille sur moi ». (*Lettre communiquée.*)

Quel raccourci ! Avoir ainsi pensé ! O jeunes gens, qui valez mieux que nous !

Ils vivront, mais fussent-ils morts, la France va se reconstruire avec leurs âmes comme pierres vivantes. Tout ce soleil de jeunes gens qui descend dans la mer, c'est une aube qui va se lever.

CHAPITRE XI

CETTE UNANIMITÉ PROFONDE, NOUS CONTINUERONS A LA VIVRE

Sans doute on ne restera pas à cette hauteur. On en retombe à chaque fois que l'on s'écarte de la ligne de feu ; on en retombera davantage à mesure qu'on s'éloignera dans le temps. Déjà la vie religieuse des armées n'est plus ce qu'elle était en 1914 et 1915; des âmes, bouleversées par la violence du choc et dont le fond avait monté à la surface, sont redevenues dormantes, et puis, beaucoup des meilleurs sont couchés à cette heure dans la terre de France. Mais nul ne reviendra de cette guerre exactement pareil (22).

Ce temps de misère demeurera comme un idéal pour ceux qui l'ont vécu dans leur jeunesse. Il les couvre d'une gloire qui les désignera jusqu'à leur dernier jour et qui maintiendra en eux des souvenirs plus forts que toutes nos querelles. Avec quelle joie ils se retrouveront, chaque année, aux fêtes de commémoration ! De quelle autorité ils seront investis ! Ce sont nos arbitres désignés. Ils se souviendront toujours du caractère exact de l'union sacrée durant la guerre ; ils ne laisseront jamais dire qu'elle ait été la simple excitation ou l'expédient d'un peuple surpris par le péril.

L'union sacrée n'a pas consisté à renier nos croyances, ou bien à les reléguer dans une armoire comme un objet inutile dont on reparlerait plus tard. Elle ne comportait aucun oubli de ce qui fait vivre nos consciences, mais, au contraire, elle est née de ces croyances qui, par tout ce qu'elles ont de plus excellent, se rejoignent en profondeur. Chaque famille spirituelle a maintenu ses droits, mais sous leur forme la plus pure, et par là même s'est trouvée toute proche des autres familles qu'elle aurait cru plus ennemies.

Nous nous souviendrons toujours que dans nos compartiments divers, dans nos chapelles variées et vénérables, nous avons vu des hommes semblables, encore que professant des dogmes et des philosophies opposées. Nos soldats ont eu dans le sacrifice et dans la douleur une attitude mentale propre, selon qu'ils étaient animés par telle ou telle croyance, mais chez tous, en dépit de cette coloration que leur donnaient des doctrines contraires, les traits étaient pareils, au point qu'on eût pu les superposer : c'étaient les traits éternels de la France.

Je n'ai cité que des faits éclatants, retentissants, les témoignages sur les cîmes ; ils supposent bien des adhésions silencieuses, une multitude de faits pareils qui ne nous parviennent pas, faute d'avoir été formulés. Je ne pouvais guère recueillir que des paroles d'intellectuels, mais ils ne valent pas moins, ceux qui se taisent depuis le commencement de la guerre, ce bourgeois, ce paysan, qui y vont avec courage, sans écrire trois lignes, et qui n'éprouvent pas le besoin de se demander pourquoi ils se font tuer. Notre grande force est d'être un peuple de terriens qui ne parlent pas, qui vivent sur des bribes de catéchisme et d'école primaire. Toutes ces sortes d'idées que nous avons vues, tout cet ensemble de sentiments, toutes ces expressions rares prennent leurs racines dans des choses anciennes que la foule n'exprime pas, mais qu'elle sent aussi bien que nous.

Nous sommes unis, en France, parce que, depuis l'intellectuel jusqu'au petit paysan, nous avons la claire vision de quelque chose de supérieur à nos petits intérêts personnels et une sorte d'instinct qui nous fait accepter joyeusement le sacrifice actif de nous-mêmes au triomphe de cet idéal. Un Croisé trouve tout naturel d'acheter par sa mort la liberté du Tombeau du Christ ; le vieux Corneille ravit tout le public par ses tirades sur l'honneur ; Vincent de Paul est sûr de trouver toujours qui le suive dans sa mission de charité. Quant aux contemporains, nous venons de les entendre. C'est cette claire vue et cet instinct qui ont dessiné la France. Tous les gestes de notre passé, tous les beaux témoignages d'aujourd'hui que je viens de rassembler, ne sont que les produits d'une même conception très simplifiée de la France, champion du bien sur la terre. Chacun de nous sait que les Français sont là pour qu'il y ait moins de misère entre les hommes. En ce sens, la France est pacifiste ; en ce sens, la France est guerrière. L'idée que cette guerre doit être la dernière des guerres, c'est une vieille idée populaire. « A nous de souffrir, nos enfants seront plus heureux ! » formule simpliste de cette générosité, de cet oubli de soi où communient tous nos siècles et toutes nos classes.

« Les églises de France ont besoin de saints, » disait quelqu'un à la veille de la guerre... Ils naissent chaque jour des champs de bataille et voici leur liste affichée sous le porche. Ces saints de la France appartiennent à toutes les croyances, et la vieille église du village, mère des générarations, cœur des cœurs, les accueille tous avec une égale tendresse, car, dit-elle aux incroyants, vous êtes mes fils endormis. C'est moi qui vous ai formés à la haute vie morale. *Multi intus sunt qui foris videntur.* Votre mort vous rend à Celui qui a dit : « Il n'y a pas de plus grand amour que de donner sa vie ».

Ces prodigieuses périodes où l'on se retrouve, où éclate la splendeur de notre unité profonde, elles ont laissé des traces dans l'histoire. Jadis, nous avons construit tous ensemble les cathédrales, qu'allons-nous construire demain? Qu'est-ce qui va naître dans l'immense émotion de la victoire?

Ce qui naîtra, je ne sais, mais l'âme nationale vient de se réaliser.

En même temps que nous allons libérer la vie française sur des territoires retrouvés, nous la dégagerons en nous-mêmes, et comme la patrie va sortir de cette crise héroïque avec un élargissement physique, chacun de nous veut y trouver une augmentation de l'âme.

Il s'agit de libérer et d'approfondir la vie spirituelle en France.

La guerre vient de nous apprendre que nos cœurs parfois contractés, irrités, possédaient chacun la faculté d'aimer, de comprendre, d'aider les cœurs et les esprits qu'ils croyaient adversaires. Au fond de chacun de nous repose la France entière, désireuse de s'épancher en œuvres vives. Cessons de la contrarier, écartons les obstacles d'hier, les barrières pourries, les palissades de partis, laissons là agrandie telle que pendant la guerre.

On raconte qu'un soir de bourrasque et

de pluie, un aumônier, un pasteur, un rabbin, liés comme il arrive souvent par la vie en commun au poste divisionnaire, se trouvèrent sur une partie du champ de bataille où des soldats relevaient les cadavres. Ces hommes les entourent et leur disent : « Nous n'osons pas mettre la terre sur nos camarades sans qu'on leur ait dit une prière. — A quelle religion appartiennent-ils ? — Nous ne savons pas, mais vous pourriez peut-être vous arranger entre vous. — Eh bien ! nous allons, à tour de rôle, les bénir... » Le catholique a commencé, le protestant a continué, et l'israélite a fini et, tous les trois, ils ont serré la main des soldats qui n'étaient pas nécessairement des croyants (23).

Mais cette scène, suis-je trop exigeant, demeure pour moi un décor magnifique dont l'âme est un peu incertaine. Je la trouve pauvre de conseil. Si nous avons retrouvé notre unanimité profonde, c'est pour la maintenir, en organiser la défense et continuer à la vivre. Et, pour terminer ce tableau, où je cherchai, fidèle secrétaire de la France, à préparer les versets d'une Bible éternelle de notre nation, je veux raconter ce qui advint à la mort du plus étonnant des héros que j'ai nommés, à la mort du capitaine-prêtre Millon, qui tomba sous Verdun après avoir calqué ses derniers jours sur les *derniers jours du Christ.*

Le capitaine Millon s'était lié intimement, dans les tranchées, avec son chef de bataillon, le capitaine P..., libre penseur et franc-maçon, d'une nature généreuse. Quand Millon fut tué, le capitaine P... vint trouver le soldat catholique Joseph Ageorges et lui dit : « La mort de Millon me fait beaucoup de peine. Si j'étais tombé le premier, il aurait dit une messe pour moi. Je ne crois pas, mais sait-on jamais ! Si l'âme est immortelle, Millon sera content que je pense à lui. Voulez-vous que nous allions demander au curé un service à son intention? » Nous y allâmes, me raconte M. Joseph Ageorges. Le capitaine P... inscrivit l'annonce de la messe au rapport. Il assista au service avec les soldats, les gens du village et les enfants d'un orphelinat de la guerre. Après l'Evangile, le curé parla, et quand il eut terminé, il vint par un mouvement du cœur au banc du capitaine, l'inviter à prendre la parole. Le capitaine libre penseur monta sur les marches de l'autel et, s'adressant aux orphelins, il glorifia le capitaine-prêtre. Pour conclure, il proclama sur le cercueil du héros (et n'entendez-vous pas sa voix sur toutes nos tombes?) qu'il fallait à la France de demain l'étroite collaboration du prêtre, de l'officier et de l'instituteur (24).

27 novembre 1916/9 mars 1917.

NOTES ET APPENDICE

(1) Note de la page 13. — En juillet 1914, la *Jeunesse Catholique* comptait dans ses 4.000 groupes, 150.000 adhérents. La guerre leva dans leurs rangs une immense armée de 100.000 combattants. Après les avoir vus à l'œuvre deux ans sous les obus, à Reims, le cardinal Luçon leur rend ce témoignage : « Mêlés à leurs camarades dans le rang, les *Jeunes Catholiques* ont certainement exercé par leurs discours et leurs exemples un véritable apostolat et secondé très efficacement celui du prêtre-soldat. » Rares seront les survivants, constate l'un de leurs chefs, et relevant avec fierté une phrase effroyable, il dit : « Il est trop vrai que la jeune génération catholique est enterrée dans les tranchées. Mais ces morts ne seront pas stériles. » Un de ces com-

battants écrit : « Nous devons conclure des immenses pertes que fait notre association, non à une désorganisation, mais à un avenir plus beau que son passé ; il rapportera beaucoup de fruits, le grain sélectionné qui est confié en telle abondance à la terre bénie de France. »

(2) NOTE DE LA PAGE 48. — *Ces héros catholiques respirent avec la tranquillité la plus familière dans une atmosphère de surnaturel.....*

De cette familiarité avec le surnaturel, j'aurais tant de faits prodigieux à noter que j'y renonce. Dans tout le chapitre sur les catholiques, je me suis borné à échantillonner de quelques touches magnifiques ma froide esquisse; pourtant, à la minute (janvier 1917) où je corrige mes épreuves, la lettre d'un bien cher ami m'apporte un fait charmant, et je l'épingle sur mon feuillet.

Ces jours derniers, devant notre première ligne, s'abat un subit et violent marmitage. En avant de la tranchée les cris d'un blessé, dans un poste isolé. «... Brancardiers! brancardiers !...» L'un d'eux surgit en haut du parapet : il est dans le civil Père aux Missions étrangères, Auvergnat de naissance et s'appelle Montchalin. Le tambour des marmites bat plus fort... « Attends une minute, pas maintenant.. » lui crie-t-on d'en bas. Mais lui, tout debout au-dessus des champs fumants et déserts, se retourne avec colère et dit, et de quel accent ! : « Qu'est-ce que vous voulez que ça me f..., à moi, puisque si je suis tué, hé ! je vais au Ciel tout droit !.. » Sur ce, il prit le large, et on ne le revit plus qu'avec son blessé, gaillard...

(3) Note de la page 50. — Il faut bien prendre notre parti de laisser dans l'ombre des groupes importants de soldats catholiques. Pourtant il est une catégorie qu'il convient de faire connaître au moins par un exemple.

François de Torquat, lieutenant au 116e d'infanterie, fils d'un magistrat révoqué lors de la suspension de l'inamovibilité, refuse en février 1904 de coopérer à l'expulsion des frères de Ploërmel. Il écrit à son père : « Je pense que vous ne serez pas mécontent de votre fils qui vous aime et a cherché à vous imiter. » Le Conseil de guerre l'acquitte, mais il est mis en non-activité.

A vingt-six ans, avec les cinq officiers de son régiment qu'a frappés la même décision, il part pour le Canada. Ils y fondent un *ranch* sous le vocable de Jeanne d'Arc, et sur leur modeste cottage flotte le drapeau tricolore.

Il a épousé la fille aînée d'un de ses compagnons, et déjà trois petits enfants animent le domaine prospère, quand retentit l'appel de la France.

La nouvelle arrive le 4 août ; le 6, laissant

ses récoltes inachevées et rendant son bétail à la liberté de la prairie, François de Torquat accourt vers la France.

Sergent d'abord, puis lieutenant, puis capitaine, il écrit à sa femme : « C'est une responsabilité, tu sais, ma compagnie : prie beaucoup pour que ton pauvre mari soit à la hauteur de la tâche et du rôle qu'il aura à remplir ; j'ai le frisson en pensant que de moi peut dépendre la vie de plusieurs. Ils auront les yeux fixés sur moi. Prie donc bien pour que je sois à la hauteur et que je donne l'exemple ; et, ensuite, tu prieras pour que, si c'est la volonté de Dieu, nous puissions nous revoir et nous aimer longtemps encore..... »

Toutes ses lettres ont cet accent de foi ardente et raisonnée. Les bruits d'attaque circulent. Il prépare les siens au deuil : « Prie le bon Dieu bien fort, chère petite femme, pour que le grand déclanchement qui ne peut tarder beaucoup désormais soit couronné de succès..... Dis-toi que la souffrance est une grâce qui nous est offerte par Dieu et un bienfait pour qui sait en profiter. Dis-toi que ce que Dieu fait est bien fait. Il nous mène ; acceptons sa main ; nous serons bien conduits. »

Le 9 mai 1915, c'est l'assaut. Il rassure ses hommes, les encourage : « Ne craignez pas : je tomberai dans les premiers, mais vous passerez. »

Un grand Christ qui, jadis, étendait ses bras sur la plaine, est là, à l'entrée de la tranchée ; les obus de l'ennemi lui ont arraché le bras gauche ; son bras droit semble montrer le ciel aux soldats qui vont mourir et qui le saluent en passant.

A peine François de Torquat a-t-il quitté le parapet, entraînant ses Bretons, qu'une première balle lui brise le poignet. La blessure suffirait pour l'immobiliser ; il ne l'admet pas. Vite, un pansement sommaire, et le voilà de nouveau à la tête de sa compagnie. Mais la canonnade fait rage ; les rangs s'éclaircissent ; à 10 heures du matin, il s'affaisse. Et, tandis que les mitrailleuses allemandes balayent la plaine, François de Torquat, une jambe broyée, les yeux tournés vers le Christ des tranchées, renouvelle son sacrifice pour la France et pour les siens.

L'ordre du jour, paru à l'*Officiel* du 9 juin suivant, résume en quelques mots cette vie :

De Torquat de la Coulerie (François-Marie-Joseph), capitaine au 48e d'infanterie : « Officier démissionnaire, établi à l'étranger, est accouru en France dès l'annonce des hostilités. Beau type d'officier, caractère chevaleresque, nature d'élite. Blessé dès le début de l'attaque, n'a pas moins continué d'entraîner sa compagnie avec une magnifique bravoure à l'assaut des retranchements ennemis, le 9 mai 1915, malgré un feu violent de mitrailleuses. Est tombé frappé mortellement.

(4) Note de la page 51. — Dans tout ce chapitre, on verra qu'en passant des héros catholiques aux héros protestants, je croyais trouver chez ceux-ci une prédominance de la vie morale sur la vie religieuse. Cette nuance de ma pensée a paru inexacte à certains de mes lecteurs. Je leur donne aussitôt la parole.

M. L, Maury, professeur à la Faculté libre de théologie protestante de Montauban, me fait l'honneur de m'écrire :

« ..... Notre protestantisme, préoccupé sans doute de la vie morale, cherche la source de cette vie dans les doctrines de la foi, et attend les impulsions qui entraînent vers les sommets dans la communion avec Dieu et le Christ. Notre vie intérieure n'est pas faite seulement de moralisme. C'est la seule réserve que je me permettrai de faire à votre article. »

Du pasteur Jacques Pannier, aumônier militaire, cette autre lettre :

« Voici l'affirmation qui, je l'avoue, m'a choqué : « Dans la religion réformée les *sacrements* pour lesquels le prêtre serait indispensable *n'existent pas.* » Souffrez, Monsieur, que je m'inscrive en faux, au nom de tant d'officiers et de soldats auxquels j'ai donné la communion, et au nom de la théologie réformée.

» *Les réformés déclarent d'institution divine deux sacrements : le baptême et la communion.* Pour Calvin comme pour St-Augustin (qu'il cite expressément à ce propos), le sacrement « est le signe visible de la grâce invisible ». Ce n'est donc pas exclusivement « auprès des prêtres catholiques » que « s'épanouit le sentiment du surnaturel avec des effets extraordinaires et visibles ». Ces mots s'appliquent aussi exactement à la *célébration du baptême et de la communion par les pasteurs.*

» Je n'entreprends pas d'expliquer comment il s'agit pour nous réformés d'une présence *réelle* (spirituellement, non matériellement réelle). Après bien d'autres, Bossuet et Claude dissertaient là-dessus pendant des heures ! Quelle que soit la valeur que les catholiques reconnaissent à ces sacrements célébrés par les protestants (et ils admettent au moins la valeur du baptême) ce fait doit rester acquis : pour les protestants il existe des sacrements. Entre les catholiques et eux il y a non pas seulement comme à Nîmes aux obsèques de M. le Pasteur Babut, des *sentiments* qui vous touchent ; « une communion sous les espèces de l'espérance et de la souffrance », il existe tout un système commun de *doctrines essentiellement religieuses*..... »

Je reconnais volontiers que j'ai donné une forme peu théologique à ma pensée. Voici une lettre que le jeune Alfred Æschemann, né à Lyon en 1895, tué pour la France le 17 juin 1915 à Aix-en-Noulette, écrivait du front aux étudiants de l'Association protestante de Lyon. Elle s'accorde bien avec ce que j'avais cru voir.

« ... Jusqu'ici, je rêvais surtout d'un réveil

moral de la jeunesse française ; un réveil religieux me semblait de fort peu de prix à côté de lui. Volontiers, je me serais satisfait d'un philosophisme moral qui, répandu dans toutes les classes de la société, eût remis en honneur les idées de devoir, de solidarité, de dignité personnelle, etc... La fréquentation des camarades du régiment m'aura guéri de cette erreur. Non, il faut, pour régénérer la France, mieux que des préceptes, il faut une religion. Car les idées ne sont des « idées-forces » que pour une élite. Elles n'entraînent les esprits incultes que rarement, partiellement, momentanément. Car les préceptes ne subjuguent que péniblement les volontés : à eux seuls, ils restent plutôt une loi ingrate qu'une vie intéressante et féconde. La religion, par contre, unifie l'âme humaine. Grande constitutrice de personnalités. elle est aussi conductrice de sociétés. Elle donne un sens à la vie de chacun. Bien plus, elle attache l'homme le plus obscur à sa tâche et la sanctifie à ses yeux..... La génération qui vient montrera que la religion est tout simplement l'épanouissement de toutes les fleurs que notre qualité d'hommes comportait en boutons. »

Ce message est à signaler par son parallélisme

avec les appels qu'un jeune catholique, Pierre de Lescure, publie dans la *Revue des Jeunes*. « Puissance créatrice, puissance organisatrice, telle est bien l'Église, dit-il. Elle nous livre une idée directrice.... Notre liberté, afin d'être totale, veut une discipline. Notre expansion doit se régulariser par une direction. Pour les départs conquérants de l'intelligence nous cherchons un point d'appui. Notre sensibilité ambitieuse aspire à une règle mortifiante qui lui permette de s'exalter davantage. Nous voulons des garde-fous pour mieux atteindre les sommets. » (*Vous les jeunes*, numéro du 10 octobre 1915.)

(5) Note de la page 55. — Voici l'exorde de ce discours, plein de douleur et qui garde une admirable mesure. C'est un modèle de dignité. Le vieillard presque aveugle ne voyait pas ceux à qui il venait parler de « *nos deuils* » :

« Vous savez tous vraisemblablement qu'au commencement de la semaine qui vient de s'écouler, j'ai perdu un fils mort pour la patrie, comme tant d'autres, dans la force de l'âge, alors qu'il avait toutes sortes de raisons d'aimer la vie et qu'il la faisait aimer aux autres. Je vous suis, ainsi que tous les miens, profondément reconnaissant de la sympathie qu'un grand nombre d'entre vous nous ont exprimée, et que tous éprouvent, j'en suis certain. Mais, cela dit, ce n'est pas de moi qu'il peut être question dans cette chaire, c'est de vous et du salut de vos âmes. Vous vous étonnerez peut-être que je n'interrompe pas mes prédications au lendemain d'un si grand malheur. Mais, à mon âge surtout, le temps est court; les occasions qui me sont offertes de vous annoncer la Parole de Dieu sont d'autant plus précieuses qu'elles sont désormais plus rares, et je ne puis m'empêcher d'espérer que celle-ci sera particulièrement favorable. Vous m'écouterez avec sympathie et vous reconnaîtrez sans peine que j'ai acquis plus qu'auparavant le droit et la capacité de porter avec vous vos souffrances... »

(6) NOTE DE LA PAGE 56. — « *Un grand nombre de protestants sont originaires d'Alsace.....* »

La-dessus, M. Gabriel Puaux me dit : « Dans votre pays de Lorraine, le protestantisme est surtout représenté par les luthériens d'Alsace. Vous le voyez à travers le germanisme. Mais il existe dans les Cévennes, en Poitou, en Saintonge, des communautés huguenotes du plus pur terroir. Elles ne doivent rien à Genève, ni à l'Allemagne, ni à la Grande-Bretagne. Ce sont des chrétiens qui chantent les psaumes en français et qui ont organisé leurs églises sur le modèle des sociétés modernes. Songez que nos traditions remontent à plus de trois siècles et que la terre de France est pour nous peuplée de souvenirs. Quand par une triste journée de décembre, depuis les tranchées du bois Saint-Mard, j'ai aperçu au-delà des lignes allemandes les toits et les clochers de Noyon, comment n'aurais-je pas souffert de sentir souillée par le Barbare, la ville de Jean Calvin ? »

(7) Note de la page 58. — « *Ils sont nombreux, ces protestants qui, voyant une opposition entre la guerre en soi et la pensée de Dieu...* »

La même opposition entre la loi d'amour et la guerre est sentie, exprimée mille fois, dans les lettres de toutes provenances que j'ai lues. L'abbé Bernard Lavergne, dont toutes les pensées ont un rayonnement génial, écrit : « A chaque jour suffira sa peine et sa grâce aussi. A chaque instant correspondra certainement un devoir précis de cet instant : *præ ceptum Domini lucidum illuminans oculos.* Humainement, nul ne saurait trouver comment, en ce métier que nous allons faire. on pourra être fort comme un lion et doux comme un agneau... Qu'importe ? N'y a-t-il pas la grande, l'unique charité du Christ dont rien ne peut nous séparer... »

Et cela pose la question : qu'est-ce que la charité divine ? Il n'est pas si facile, ce me semble, de la définir. On risque d'en faire un humanitarisme, un ascétisme, que sais-je encore? Le mieux est de relire la parabole du bon Samaritain, qui se trouve au chapitre x de saint Luc.

Les grands soldats français de toutes les époques la purent lire sans rougir.

(8) Note de la page 59. — « *On peut prier Dieu, non pas, ce qui serait allemand, pour telle armée plutôt que pour telle autre, mais pour la sauvegarde de la justice.....*

Dans le même sentiment, les prédicateurs catholiques disent :

« Non pas Dieu avec nous, mais nous avec Dieu. Nous n'abaissons pas Dieu jusqu'à nous, mais nous tâchons de nous élever jusqu'à Lui. »

(9) Note de la page 59. — « La mort de Francis Monod, m'écrit M. Raoul Allier, est un des coups les plus graves qui aient été portés à notre famille spirituelle. Il avait écrit quelques pages admirables sur le rôle social de l'officier. Le carnet qui les enfermait déposé après les obsèques de Francis chez le pasteur de Reims, a disparu au cours de l'atroce bombardement qui, en quelques instants, a détruit tout le presbytère... »

Cette préoccupation de leur responsabilité d'officier hante les jeunes gens, au cours de cette guerre, dès qu'ils entrevoient d'avoir un galon. Je cite des textes de Rigal, il en est de Latil, de vingt autres. Les jeunes protestants se rattachent aisément aux idées qu'a développées le général Lyautey sur le rôle social de l'officier. C'est très sensible dans les lettres de Roger Allier, tombé pour la France à Saint-Dié, à l'âge de vingt-quatre ans, et assassiné par les Allemands alors qu'il était prisonnier et sans défense. Voir ses émotions de jeune officier qui prend le contact de l'âme guerrière de ses hommes. (Lettre du 10 août, p. 237, *Roger Allier*, volume composé pour un cercle de parents et d'amis.)

(10) NOTE DE LA PAGE 61. — C'était un jeune soldat de vingt-deux ans à peine, nommé Gaston Verpillot, qui s'occupait avant la guerre d'horlogerie à Reconvilier (Jura bernois). Il avait été frappé dans la journée de Marcheville. (Voir la *Croix de l'Ain* du 16 mai 1915 et la *Feuille paroissiale protestante de Montbéliard* du 1ᵉʳ juillet 1915.)

(11) NOTE DE LA PAGE 62. — D'Henri Gounelle encore cette lettre en date du 15 juin 1915, six jours avant que le jeune soldat tombe sur la tranchée de Calonne :

« L'âme s'exalte à cette lutte et s'enrichit. On a parlé beaucoup de sacrifice à propos de nos soldats. Je n'aime guère cette idée, à moins qu'on ne prenne le mot dans le sens antique *consacré à*. Dans l'acception moderne du terme, il y a une idée de perte. Or, ce n'est pas le cas : nous avons tout à gagner ici, rien à perdre, si notre âme s'agrandit et s'épure. La beauté de la vie vaut mieux que la vie elle-même. »

(12) NOTE DE LA PAGE 74. — « *J'aimerais avoir sur l'activité guerrière des israélites d'Al-*

gérie des précisions que je n'ai pu me procurer... »

Quelqu'un d'autorisé à parler en leurs noms m'écrit :

« Ils servent, pour la plupart, dans les zouaves et s'y trouvaient (jusqu'à ces derniers temps) dans la proportion d'un quart. Ils ont pris part aux combats de Belgique, de la Marne (particulièrement à Chambry), devant Soissons, à Arras, sur l'Yser, en Champagne, sous Verdun, dans la Somme, aux Dardanelles, en Serbie. Ce sont surtout les 1er, 2e, 3e, 4e et 8e zouaves, constitués en Algérie, qui les ont encadrés à l'origine. La 45e division, formée à Oran de réservistes et de territoriaux, est celle qui a traversé Paris dans les premiers jours de septembre et qui a tout de suite été expédiée par Galliéni dans les environs de Meaux, pour y porter le coup qui fut décisif. »

(13) Note de la page 78. — « *Les documents que je possède sur l'élite morale des israélites ne me font connaître que des consciences qui paraissent vidées de leur tradition religieuse...* »

Là-dessus, un jeune officier israélite, industriel lorrain, qui a été l'objet d'une belle citation à l'ordre de l'armée, m'écrit une lettre intéressante qui commence par ces mots : « Je suis juif, sincèrement croyant et attaché à ma religion... » J'en détache quelques fragments :

« Prenons comme exemple, me dit cet officier, un israélite de ce que l'on appelle la bonne bourgeoisie, c'est-à-dire le sous-lieutenant qui vous écrit... J'ai eu une instruction moyenne (études classiques à Carnot, puis commencement de droit). Mes parents sont originaires d'Alsace, et, sous Louis-Philippe, un de mes grands-parents était maire d'Altkirch. Pour ma part, j'ai fait mon service militaire, comme tous les jeunes gens que je connaissais, sans grand plaisir ni enthousiasme, et ne pensais à la guerre que lorsque mon père me racontait sa campagne de 1870.

» Tout à coup arrive en 1914 la période de tension, puis la mobilisation. J'aurais voulu que vous puissiez voir notre joie, à nous juifs qui, d'après vous, Monsieur, n'ont pas l'amour réel de leur patrie ou ne l'ont que par reconnaissance pour un pays où ils n'ont pas été martyrisés... Je me souviens de ce samedi soir, lorsque mes parents m'ont accompagné au Paris-Lyon-Méditerranée. Ma mère pleurait et mon père riait de joie en ayant malgré tout une larme au coin de l'œil. Pour ma part, je vous en donne ma parole d'honneur et de soldat, j'étais heureux sans calcul, heureux de me battre pour mon pays que j'aimais... Tous mes amis à qui j'ai dit au revoir, sans me douter que c'était un adieu, avaient la joie au cœur à l'idée de reprendre cette Alsace dont nous sommes pour la plupart originaires.

» J'insiste sur ce sentiment *instinctif* de patriotisme ; je voudrais que l'on nous connaisse mieux, nous autres juifs, qui n'avons pas honte de notre race et qui n'usons pas de notre fortune pour offrir des chasses aux gens ruinés à particule. Je crois que vous ne voyez que deux sortes de juifs :

» D'abord la petite aristocratie, aux fortunes énormes, et qui est peu intéressante (caractérisée par sa platitude envers les grands noms du catholicisme).

» Ensuite, les juifs polonais qui encombrent notre pays et qui, pour manger, font tous les métiers (ces derniers ne sont intéressants que par les malheurs qu'ils ont endurés en Russie).

» Mais il y a aussi les juifs croyants, sincères, aimant profondément leur pays, ne cherchant pas à éblouir les autres par leur fortune et leur luxe de mauvais goût : bref, la bonne bourgeoisie. Vous croyez trop que les juifs sont des êtres à part, qui ont une mentalité spéciale. Entre le « Nucingen » et le « Gobseck », il y a autre chose.

» J'ai passé au front de durs moments, car pendant le premier hiver nous n'avions pas encore l'habitude de cette guerre de « taupes » et dans les Vosges (col de Sainte-Marie) nous souffrions beaucoup du froid. Pour les hommes, la souffrance physique seule comptait ; mais, comme officier, j'avais de pénibles journées. Cette inaction me pesait. La solitude dans nos montagnes boisées engendre la mélancolie, les mauvais sentiments, bref la lassitude. C'est alors que ma foi est intervenue et m'a sauvé moralement. Je me suis souvenu de la prière que je faisais tout petit, le soir avant d'embrasser ma maman et qui ressemble beaucoup à votre « Pater noster ». J'ai prié et le Seigneur m'a soutenu, m'a donné le calme. Chaque fois que j'avais une décision à prendre, je pensais à Lui et j'étais tranquille.

» Au moment de l'attaque même, le devoir vous impose suffisamment de travail pour que l'on ne puisse penser qu'aux ordres reçus et aux moyens de les exécuter pour le mieux. Mais avant ! La demi-heure qui précède l'attaque ou la reconnaissance offensive, possède une grandeur tragique. Chacun, catholique, protestant ou juif se recueille, et les véritables croyants se reconnaissent à leur calme, qui, à ce moment, ne peut être feint.

» Je vous écris en toute sincérité. Chaque fois que je voyais qu'il fallait aller à la mort, je pensais à « Lui », et mon devoir m'apparaissait naturel, sans mérite. Lorsque j'ai été enseveli, je me suis cru blessé à mort et ma première pensée a été encore pour mon Dieu.

» La religion juive n'est pas faite pour le peuple, car elle n'est pas composée de petites pratiques extérieures, mais uniquement de l'idée de Dieu et de la survie de l'âme. C'est pourquoi il y a peu de véritables croyants.

» Il m'est arrivé, voulant me recueillir, d'aller m'agenouiller dans une église et je ne crois pas avoir commis un sacrilège.

» Voilà mon état d'âme que je vous expose simplement, sentant chez vous une sympathie. »

(Lettre du sous-lieutenant L., 29 décembre 1916.)

Sur le même sujet une lettre signée d'un nom important dans la société parisienne :

> Je ne voudrais pas vous laisser croire que les consciences des Israélites morts pour la France avec amour « sont vidées de leur tradition religieuse ». Je ne peux cependant vous apporter des « textes » qu'en vous demandant formellement de ne les prendre que comme anonymes. Par modestie d'abord, et par justice aussi pour les héros inconnus, je désire que le nom de mon fils soit par vous pieusement gardé sans être publié….

Je me conforme à regret à cette volonté ; je tairai le nom du héros, qui occupait une haute charge ; je me borne à analyser le petit dossier que l'on me communique.

Agé de 33 ans, sergent au 360ᵉ régiment d'infanterie, ce soldat israélite a pris part aux combats de Réméreville, Crévic, Bois Saint-Paul, Velaine-sous-Amance, du 25 août au 14 septembre 1914. A cette date, il écrit à ses parents une lettre qui va être la dernière :

> Papa, maman adorés. Merci de vos tendres cartes et lettres que je reçois très bien, mais en paquet. Hier soir celles du 31 août et du 1ᵉʳ septembre. Vous êtes, j'en suis sûr, une infirmière admirable, mais je n'aurai pas pour cette fois besoin de vos soins. Nous sommes aujourd'hui revenus en arrière pour longtemps de la ligne de feu où nous sommes depuis le 26 août, surtout depuis le 2 septembre. Je n'ai pas eu une atteinte, pas une égratignure, et pourtant je me sentais presque sûr,

tellement j'avais sur moi la sensation puissante de la protection de Dieu qu'il m'accorde pour vous et par vous mes admirables parents. De sorte que je n'ai eu aucun mérite à n'éprouver aucune hésitation à me jeter entre les balles et les obus ; je les voyais dévier autour de moi. Je n'ai d'ailleurs commis aucun acte de valeur, du tout, je m'empresse de le dire, je me suis contenté d'aller là où l'on me disait d'aller.

Trois jours plus tard, s'étant proposé pour conduire une reconnaissance, il pénètre dans le village de Bezange-la-Grande. Un jeune paysan lui conseille « de faire demi-tour ». Il répond : « *Je suis chargé d'une reconnaissance, il faut aller plus loin...* », et presque aussitôt il tombe frappé à la tête d'une balle explosible. Il avait dit à son père en le quittant : « La Lorraine, je vous la rapporterai ou j'y resterai. » Les habitants l'ensevelirent et le maire a pu faire parvenir aux parents la médaille de piété trouvée sur leur fils ; elle portait l'inscription traditionnelle : « Tu aimeras l'Éternel. » Sur le papier qu'il avait préparé avant son départ et où il exprimait ses dernières volontés, il invoquait la parole sacrée : « Il chemina avec Dieu tous les jours de sa vie. Tout à coup on ne le vit plus parce que Dieu l'avait pris. » Et encore : « Pour moi, je sais que mon Rédempteur est vivant et qu'il me ressuscitera de la terre, et que lorsque ma chair aura été détruite, je verrai Dieu. Je le verrai de mes yeux. ».

Sur Israël croyant, encore ce document d'union sacrée. M. Lancrenion, prêtre, médecin aide-major au 1ᵉʳ groupe du 39ᵉ d'artillerie, écrit à la mère du jeune *Charles Halphen*, lieutenant au 39ᵉ d'artillerie, tombé au champ d'honneur le 15 mai 1915, une lettre dont voici la fin :

> L'amitié, liée par moi avec votre fils, s'est transformée en respect et en admiration devant sa mort héroïque. Et je veux vous le dire aussi, le Dieu infiniment puissant et miséricordieux, dans lequel nous croyons tous, quoique différents de religion, dans lequel votre fils croyait (il me l'a dit), a pris auprès de lui, je l'espère, l'âme droite et loyale, qui s'est sacrifiée pour le devoir, et il l'a prise pour l'immortalité..... J'ai prié du fond de mon cœur hier, aujourd'hui, ce Dieu de miséricorde, de recevoir votre fils auprès de lui, et de vous réunir à lui, quand le temps sera venu pour une réunion éternelle et heureuse... Puisse cette parole d'un ministre de Dieu, non pas calmer votre douleur, mais vous apporter l'espérance, soutenir votre courage, vous aider à supporter le sacrifice.

(14) Note de la page 92. — On me dit : « Vous avez fait voir des israélites d'exception, nouvellement venus parmi nous ou bien grands intellectuels », et l'on me donne à lire la correspondance du capitaine Raoul Bloch, tué le

12 mai 1916 devant Verdun, qui appartenait au monde des affaires. Ses lettres, d'un ton ferme, respirent le plus salubre sentiment patriotique et familial.

Agé de quarante ans, affecté au service des étapes, il demande à passer dans l'active. « J'attends impatiemment de faire mon devoir comme je le désire et le comprends ; comme Français et Juif, je dois le faire doublement. Il faut au pays en ce moment tous ses hommes valides pour la défense les armes à la main ; — je suis dans un service qui peut se faire fort bien avec des hommes d'âge et moins ingambes, mon devoir est d'offrir mes services ailleurs... »

En date du 6 janvier 1915, il envoie à sa femme cette page toute pleine de la piété terrienne d'un israélite alsacien :

Avec quelle joie je m'en irai du côté de l'Alsace et quels souvenirs en pénétrant en uniforme dans ce pays de nos rêves! Nos pauvres papas en tressailleraient dans leurs tombes! Enfin, la « revanche » dont ils ont tant parlé, dont leur cœur débordait! et mon brave frère, mon ancien sous la capote, et dans quels tragiques moments! avec quel plaisir je le vengerai ainsi que Robert mon frère trop tôt disparu! Quelle note à faire payer aux Bandits et combien je serai féroce créancier!

Dis-leur à tous, aux frères et sœurs, que jamais peut être nos cœurs n'ont tant vibré à l'unisson et n'ont communié d'une façon aussi intense. Je pense souvent à tous ceux qui t'entourent en ce moment d'une affection si tendre et t'aident à supporter vaillamment la lourde contribution du pays que je t'ai imposée ainsi qu'à moi-même. Être de ceux qui auront contribué *directement* à te rendre ton berceau natal sera pour moi une bien douce joie et comme un complément à notre vie si unie et si tendre. Quel bel anniversaire de nos vingt ans de ménage, la « rue de la Mésange » redevenue française ! quel plus beau cadeau pourrai-je rêver de t'apporter ! Et Lauterbourg, Niederbronn, Bionville, tout cela sous nos trois couleurs ! Tu dois comprendre pourquoi je voulais et devais partir, toute la tradition familiale n'est-elle pas avec moi ? Pouvoir emmener toi et nos chéris en Alsace-Lorraine et leur dire : Papa a aidé dans la mesure de ses forces à rendre ces deux beaux pays à la France, quelle plus belle récompense pour moi ?

(15) NOTE DE LA PAGE 118. — « *Beaucoup de socialistes sont à la fois pareils et différents...* »

Enfant du Paris ouvrier, le fusilier marin Luc Platt est socialiste. Il va pour la première fois en permission et à son retour écrit sur son carnet :

25 septembre 1915. — ... Je serais chef de quelque chose, je ramasserais tous ceux qui trouvent que c'est long, qui veulent signer la paix, et les amènerais ici à coups de trique. Je leur ferais passer trois semaines dans les tranchées et leur collerais le nez dans les boyaux pour qu'ils apprennent au moins ce que c'est. Ils parleraient de paix après! Et nos ruines? Et nos morts? Est-ce que tout cela ne crie pas vengeance! Je ne suis pas plus patriote qu'un autre... mais cela, *c'est l'instinct.* Le front, quelle belle école morale pour les civils!

Peu après, il apprend la mort de Vaillant.

22 décembre. — ... Jaurès! Vaillant! Quand on évoque ces deux noms, il semble revoir, au milieu d'une mer humaine tachée de milliers de bannières rouges, ces deux hommes aux gestes larges et aux paroles profondes, qui semblaient, comme des apôtres, montrer aux prolétaires la cité future, tout un monde de paix, et non cette vie si proche à laquelle aucun esprit sensé ne voulait croire : la vie où l'on ne parlerait pas d'autre chose que de canons, de tranchées, d'attaques, de meurtres et d'incendies... Où sommes-nous tombés maintenant! Et il y a des socialistes qui prêchent encore la paix! qui veulent renouer l'Internationale! L'Internationale, oui.... mais sans les Allemands. Ces traîtres nous ont menti, ils ont tué nos espérances, ils sont moralement responsables de la mort de Jaurès, de Vaillant. Ils seront punis, car nous les socialistes, nous crierons, non plus ; « Guerre à la guerre! » mais ; « Guerre à outrance ! » Il nous faut leur peau!

Six semaines après, le 13 février 1916, il tombe en héros sur l'Yser. *(Un Parisien sur l'Yser,* le fusilier marin Luc Platt, par Jules Perrin.)

(16) NOTE DE LA PAGE 125. — Voici la lettre d'un instituteur qu'on lira avec intérêt. En date du lundi, 1ᵉʳ janvier 1917, M. Arthur Gervais, bien connu dans l'enseignement. m'écrit :

« Votre article sur l'œuvre et la vie de mon

collègue, l'instituteur syndicaliste Albert Thierry, éclaire singulièrement l'opinion que, depuis la guerre, je me suis faite sur la vraie mentalité des instituteurs syndicalistes, que j'ai combattus autrefois.

» Vous savez quels soucis ils nous ont créés, quelle peine nous nous sommes donnée, à l'*Instituteur français*, organe antisyndicaliste, pour ramener au simple bon sens et à la plus élémentaire prudence ces enfants terribles de la grande famille primaire, que rien n'arrêtait, ni leur propre sécurité, ni le tort qu'ils faisaient à l'École et à ses maîtres, natures ardentes, mais, à la vérité, généreuses, ne pouvant supporter d'aucune façon l'arbitraire et l'injustice.

» Pour ma part, j'ai pris, pendant cette lutte, plus d'une colère dont j'ai gardé le souvenir, mais qu'ont bien désarmée la belle tenue, le courage patriotique pendant la guerre, de ces agités, hier encore ennemis de toute discipline et pacifistes à l'excès.

» Les syndicalistes de l'École, acquis à tout ce que renferme de large humanité le socialisme français, fraternisaient avec les plus fougueux d'entre les socialistes, les moins disciplinés, mais ceux dont le parti dirigeant se méfiait le plus parce que la logique de leurs doctrines les entraînait à vouloir étendre aux partis de droite les libertés qu'ils réclamaient pour eux. De là les ennuis de notre administration, que cette attitude gênait beaucoup.

» Nous, les modérés — lire, les réactionnaires — dans la Presse de l'Enseignement, par principe, par respect pour l'ordre, la discipline, nous soutenions l'Administration, qui ne nous en savait aucun gré, on devine pourquoi, et, logiques, également, nous tapions dur sur les syndicalistes, les révolutionnaires, ennemis de toute autorité.

» Cette lutte s'estompe dans un passé qui paraît lointain, et, maintenant que les rancunes sont tombées, avec l'ardeur de la bataille, que les dangers communs ont réuni, côte à côte, les ennemis d'hier, il est plus facile d'apprécier sainement l'intention dans le fait, jugé autrefois répréhensible, lorsqu'une occasion nous reporte à ces anciennes histoires. Le syndicat des fonctionnaires, erreur d'hier, peut devenir la vérité de demain. Avant la guerre, il était présenté comme un état anarchique menaçant pour une société qui se sentait minée par le relâchement de la discipline nécessaire à toute organisation sociale et qui mettait tout son espoir dans le bon exemple des détenteurs de l'autorité, dans le bon exemple du fonctionnaire. Mais il est possible qu'il devienne, au lendemain de la guerre, le modérateur nécessaire d'un pouvoir tyrannique tirant toute son autorité de la loi du nombre, la loi du plus fort.

« Les instituteurs syndicalistes auraient donc été les semeurs d'une idée heureuse et féconde, réalisable peut-être dans un avenir prochain? Ce qui manquait à ces esprits intuitifs et bien intentionnés, c'est cette discipline intellectuelle que donne une culture plus forte et mieux équilibrée que leur éducation incomplète de primaires; c'est encore cette discipline morale de la foi religieuse qu'ils n'avaient pas et que même ils combattaient comme attentatoire à l'idée fausse qu'ils se faisaient de la liberté humaine. Cette double discipline de l'esprit et du cœur nous manquait d'ailleurs, à nous Français; nous n'étions ni assez cultivés, ni assez religieux, de là cet état anarchique où nous vivions dans l'avant-guerre. Mais nos instincts de conservation sociale nous avertissaient du danger que nous courions. De là nos efforts pour sortir de ce chaos.

» La guerre a réveillé chez nous les vertus de la race : son héroïsme, sa générosité, son désintéressement, ses qualités guerrières et son génie inventif. Elles ont été suffisantes, avec ce qui nous restait de haute culture et de foi religieuse, pour suppléer, dans ces heures de grande crise, à la discipline qui nous faisait défaut.

» Profiterons-nous des leçons de la guerre dans les moments de sécurité trompeuse de la paix? Voudrons-nous nous imposer les efforts nécessaires pour conserver et accroître les trésors spirituels et moraux amassés pendant des siècles, éviter toute surprise et marcher avec sécurité vers nos hautes destinées ?

» Notre devoir est tout tracé : veiller à ce que se rallume chez nous le double flambeau de la culture classique latine et de la foi catholique, qui s'adaptent merveilleusement au génie de notre race...

» Arthur GERVAIS, Instituteur en retraite.

« Fabrègues (Hérault). »

A rapprocher de ces vues celles de Georges Guy-Grand *(La Philosophie nationaliste-La Philosophie syndicaliste),* chez Bernard Grasset.

et tout le mouvement des instituteurs syndicalistes, et, dans notre Conférence du 16 mars 1907 sur les *Instituteurs*, ce que nous disions : « Le syndicat, peut-être la petite patrie de demain pour un grand nombre de Français. »

(17) NOTE DE LA PAGE 150. — Pierre de Rozières est tombé le même jour et au même endroit qu'Hugues de Castelnau qui faisait partie, lui aussi, de cette 70ᵉ division de Lorraine où son père le général de Castelnau a laissé tant de souvenirs parmi les anciens du 37ᵉ de Nancy, versés au 237ᵉ et au 360ᵉ. Il est enterré dans le cimetière de la paroisse du Petit-Servins, près d'Ablain-Saint-Nazaire, à l'ombre de l'église où tant de fois il est venu demander à Dieu la victoire de nos armes et sûrement offrir sa vie.

(18) NOTE DE LA NOTE 162. — La grande parole initiale de Déroulède sur laquelle fut bâtie la Ligue et qui l'anime toujours (je la rappelai le 12 juillet 1914 en acceptant, bien indigne, la succession de notre chef), c'est :

« Républicains, Bonapartistes, Légitimistes, Orléanistes, ce ne sont là, chez nous, que des prénoms. C'est Patriotes, le nom de famille. »

Je ne fais rien dans ce livre que me conformer à la pensée, à la volonté de la Ligue.

(19) Note de la page 192. — Catholiques, protestants, juifs, socialistes, traditionalistes, je n'ai pas, c'est trop certain, épuisé l'analyse, achevé le tableau, ni même le dénombrement de nos familles spirituelles. J'ai tracé le cadre et mis quelques touches vraies dans une esquisse d'ensemble. On devra pousser davantage le dessin et même multiplier les chapitres.

Par exemple, il y a des républicains démocrates et laïques, des adeptes de la philosophie des droits de l'homme, appuyés sur un principe d'ordre juridique et non d'ordre économique, révolutionnaires si on veut, mais qui se rattachent aux idées de la Constituante. Fort nombreux chez nous, ils relèvent d'une grande tradition française et anglaise du xviiie. Un de leurs pèlerinages serait dans Avignon sur la tombe de Stuart Mill. On trouvera un écho de leur pensée dans le chapitre que je dédie aux socialistes, aux libres-penseurs, aux pacifistes, aux internationalistes. Toutefois, ce ne sont pas des humanitaires. Ces républicains « démocrates et laïques » trouvent leur principe d'action dans la Déclaration des Droits de l'homme : « Nous

combattons, disent-ils, le militarisme allemand. »
Pour eux, c'est une guerre d'indépendance plus
que de « nationalité ». Une sorte de poussière
recouvre leur pensée; mais ils existent très nombreux et pour les voir en beauté on peut songer
à Renouvier.

Au reste, le nombre de ces familles spirituelles, si je suivais certains de mes correspondants, serait quasi illimité. Jules Véran me
raconte qu'un soir, au Mort-Homme, quand
l'heure de l'attaque approchait pour un régiment provençal et que les chefs inquiets d'un
bombardement effroyable se demandaient si
leur signal serait entendu, une voix entonna la
Coupo santo de Mistral... C'est un hymne religieux, vous savez de quelle beauté, à la gloire de
la terre et des traditions, et qui réunit dans
l'enthousiasme tous les fils du génie provençal...
Une voix entonna, tous s'y joignirent et, la
minute sonnée, c'est aux accents de cette Marseillaise de Maillane que les soldats du 15e corps
conquirent la citation dont ils sont aujourd'hui
si fiers...

(20) NOTE DE LA PAGE 202. — « *L'esprit
français le plus indigène, le plus local a toujours de l'universalité...* »

Le philosophe du régionalisme français, un nationaliste extrême, comme Charles Maurras, a toujours insisté sur cette notion d'universalité qui est propre à la France et qu'elle a héritée de Rome et d'Athènes. Il écrit, dans la dédicace de l'*Étang de Berre* (1915) : « Ce petit livre — dit — la ville et la province — épanouies — dans le royaume — pour les progrès — du genre humain »; dans la préface de *Quand les Français ne s'aimaient pas* (1916), mettant en lumière « les services rendus à la beauté et à la vérité par les hommes de sang français », il spécifie que cela doit être considéré « sans perdre un seul instant de vue que la raison et l'art ont pour objet l'universel ». Des écrits plus anciens, remontant comme certains chapitres d'*Anthinea* à 1896 et 1898, font de même observer qu' « au bel instant où elle n'a été qu'elle-même, Athènes fut le genre humain. »

(21) Note de la page 252. — Quand je parle des Marie-Louise de la France, combien je suis loin d'épuiser ce sujet d'une déchirante beauté! Puisque nous voici avec le noble enfant Michel Penet (d'un esprit ravissant, plein de poésie), laissons-le nous présenter le petit chasseur Chocolat. La page semble bien « un peu littéraire »,

mais c'est un texte. Un soldat de dix-neuf ans protège un soldat de douze ans :

14 février 1915.

Il y a quelques jours, j'étais allé avec un de mes camarades pour boire un verre de vin chaud dans une petite auberge.

Par hasard, j'y trouvai le petit chasseur Chocolat, l'enfant du bataillon. J'avais déjà remarqué, pendant les marches, ce gamin à l'œil vif, qui soufflait dans un petit clairon.

A peine étais-je assis, qu'il sauta sur mes genoux.

— Petit, lui dis-je, en caressant ses cheveux blonds, où est ton père ?

Ses yeux bleus se levèrent tristement vers moi :

— Je n'en ai pas, dit-il doucement.

— Et ta mère ?

— Je n'en ai pas non plus.

— Tu n'as donc personne pour s'intéresser à toi, ni sœur, ni frère ?

— Des frères, oh si j'en ai, dit-il en me sautant au cou.

Et il se mit à secouer ses trois médailles qui pendaient sur sa poitrine au bout d'un ruban tricolore. L'une représentait le Sacré-Cœur, l'autre la Vierge Marie. Au milieu brillait la médaille militaire, médaille en fer blanc qui, bientôt peut-être, sera d'argent.

Notre petit chasseur a été à la guerre avec ses grands frères. Il leur portait des balles dans les tranchées. *(Lettre de Michel Penet, du 14 février 1915.)*

(22) NOTE DE LA PAGE 259. — « *Déjà la vie religieuse des armées n'est plus ce qu'elle était en 1914 et 1915... Mais nul ne reviendra de*

cette guerre exactement pareil. » Quand cette page parut dans l'*Écho de Paris*, je reçus des tranchées plusieurs corrections ou commentaires intéressants. Voici l'une de ces lettres (en date du 20 janvier 1917) :

Non, je ne crois pas, comme vous le déclarez, que le niveau moral de l'armée ne soit plus en 1917 aussi élevé qu'en 1914.

Je l'ai cru longtemps, et cela me désespérait; bien souvent je me suis dit, en écoutant mes camarades : « La guerre dure trop longtemps ! Où sont les grandes heures d'enthousiasme et d'union de 1914 ? » Et voilà qu'il y a quelque temps, m'étant trouvé séparé de mon cercle habituel d'amis, je fus mis dans une intimité étroite et prolongée avec quelques-uns de mes camarades qui pouvaient, en raccourci, me représenter à peu près toute la nation : il y avait des ouvriers et des agriculteurs, des gars du Nord, du Midi, du Centre et de l'Est... Peu à peu, je vis combien, sans qu'ils s'en doutent eux-mêmes, la souffrance avait fait son œuvre en eux, les avait épurés, combien ils sortiraient modifiés de la guerre.

En 1914-1915, je crois que le changement avait surtout été en surface. Comme ces nuits de froid subtil qui couvrent brusquement les étangs d'une mince couche de glace, la guerre nous avait brutalement saisis et confondus dans une grande masse; masse splendide d'aspect sans doute, mais qui n'était qu'un aggloméré bigarré destiné fatalement à s'effriter. La cristallisation des nouveaux sentiments ne commença que plus tard, et non par la surface mais par les couches les plus profondes, les couches subconscientes de nos âmes. Cette transformation s'est produite surtout, je crois, durant ces heures — les plus dures moralement peut-être — que nous avons vécues depuis l'offensive de Champagne, depuis l'écroulement que nous nourrissions des espoirs d'une guerre relativement courte. Il nous a fallu alors nous replier sur nous-mêmes avec la vision d'une guerre certainement encore longue, plus pénible que nous ne l'aurions crue, et où nous aurions à souffrir plus que jamais; et, à ce moment, la nécessité de nous faire « une âme de guerre » s'est imposée à nous; nous nous y sommes pliés, sans nous en rendre compte du reste, pour la plupart d'entre nous. Nous avions jusque-là conservé presque intacte notre mentalité d'avant-guerre; nous l'avions simplement recouverte d'un manteau d'enthousiasme. Ce manteau s'est usé peu à peu; il a chez presque tous disparu aujourd'hui; c'est pourquoi la masse paraît moins brillante qu'aux premiers jours, mais je crois qu'un changement essentiel et profond ne s'est pas moins opéré, et il continue son œuvre. Ce sont maintenant nos anciennes petites idées qui paraissent en surface, et si nous les défendons encore parfois, souvent nous n'y croyons plus. Il n'y a plus qu'une écume sur la conscience française; vienne le grand souffle de la victoire, tout cela sera balayé dans un grand vent d'union et de fierté nationales. Nos souffrances seront oubliées, qui auront été payées par la gloire, dont, Français, nous serons toujours les éternels amoureux. *(H. B., de Lille.)*

(23) NOTE DE LA PAGE 266. — Ayant lu mon récit, le grand et savant Saint-Saëns me disait : « Certes, cette union d'un prêtre, d'un pasteur et d'un rabbin est extrêmement touchante ; mais faut-il l'admirer? Au point de vue sérieusement religieux, elle n'est pas admirable. La foi

tolérante n'est plus une religion, mais une religiosité. C'est par cette tolérance, si fortement à la mode, que les religions périraient, car elles meurent d'elles-mêmes, on ne les tue point; en les persécutant, on les fortifie. »

Saint-Saëns n'a pas tort. Mais tout de même, il n'a raison qu'à demi. Il faut situer de tels épisodes dans l'atmosphère d'immense charité de la guerre. Nulle tiédeur. Ils sont tout brûlants. Et quel motif d'inspiration un musicien de génie ne trouverait-il pas dans la scène que je vais noter, où deux thèmes de guerre civile s'enlacent et s'élèvent étroitement réconciliés au-dessus d'un pauvre cercueil.

... Un jour de cet automne 1916, m'écrit le pasteur Jacques Pannier, un obus tua du même coup à leur batterie deux maréchaux des logis, amis intimes: l'un catholique, l'autre protestant. Au service funèbre, l'autre aumônier et moi nous marchions côte à côte derrière les deux cercueils; il n'y eut pas, en vérité, deux cérémonies successives, mais une cérémonie double, dont les parties alternatives s'harmonisaient parfaitement. L'abbé dit le Pater, je récitai le Credo. Pourquoi aurions-nous répété deux fois la même oraison, la même confession de foi? L'abbé dit : Requiem

dona eis, Domine! *Je priai pour les deux familles. Ensuite, un officier catholique, parent du sous-officier protestant, prit la parole au bord de la fosse et exprima sa reconnaissance d'avoir entendu les représentants des deux églises chrétiennes symphoniser ainsi...* »

Ah! Saint-Saëns, quel départ pour votre génie! Quel oratorio à créer!... Je fais mes réserves, moi aussi, telles qu'un instinct du goût nous les suggère, sur ces ententes qui, dans le froid de nos vies quotidiennes, seraient des compromissions ; mais dans la fraternité du sacrifice pour la France et pour la civilisation, nos héros reçoivent spontanément le secours de toutes les prières, l'effusion de toutes les consciences bouleversées par le même sublime.

(24) NOTE DE LA PAGE 268. — « *Il faut à la France de demain l'étroite collaboration du prêtre, de l'officier et de l'instituteur.* »

Je demande au prêtre, à l'officier et à l'instituteur qu'ils prennent sous leur protection la propagande pour le suffrage des morts. C'est la conclusion d'un tel livre. Ce mémorial où resplendit l'union de tous les soldats de la

France ne peut se terminer que par la plus ardente réclamation pour que survivent et continuent d'agir après la guerre leurs espérances et leurs volontés.

Voici la pétition que je demande à tous mes lecteurs de signer et de faire signer et qu'ils peuvent se procurer aux bureaux de la Ligue des Patriotes, 4, rue Sainte-Anne, Paris :

Pétition pour le Suffrage des Morts soumise au Parlement par les familles des mobilisés.

« Messieurs les représentants de la nation,

» Depuis le début de la guerre, des centaines de mille de Français sont morts. Qu'allons-nous faire pour eux ?

» Aux plus illustres, nous dresserons des statues sur nos places publiques ; aux autres, des stèles funèbres sur leurs ossuaires.

» Comme c'est froid, comme c'est insuffisant !

» Ces morts que nous savons meilleurs que nous-mêmes et dont nous entendrons la voix jusqu'à la fin de nos jours, pouvons-nous accepter qu'ils se taisent désormais et qu'ils ne donnent aucun avis dans la reconstruction de la patrie qu'ils ont sauvée ?

» Nous ne songeons pas seulement à leur marquer notre gratitude. Nos intérêts nous préoccupent. La brusque disparition d'un dixième peut-être de notre corps électoral jettera un trouble profond dans la direction des affaires publiques.

» De sacrifice en sacrifice, les combattants et leurs familles en arriveront à se trouver dominés par les non-combattants.

» Certaines communes, certaines régions dépeuplées par le hasard des batailles et les conditions du recrutement vont se trouver dans une douloureuse infériorité électorale.

» Comment empêcher que l'équilibre soit rompu aussi injustement?

» Les noms des morts doivent continuer à figurer sur les listes électorales. Ils voteront par l'intermédiaire de leurs familles dont ils font la noblesse et qui leur vouent un culte pieux.

» Le vote des femmes a été jusqu'à ce jour dans notre pays l'objet de critiques dont ses partisans n'avaient pu triompher. A l'issue d'une guerre où tous les enfants de la France furent plus beaux que dans aucun siècle, la patrie doit un hommage aux femmes et aux mères des héros. L'enthousiasme glorieux de nos combattants est fait pour une grande part du courage et de l'abnégation des Françaises, et celles-ci, quand la funeste nouvelle tombe dans leurs foyers, sont dignes de recueillir (pour la défense de leur famille et de la patrie) le bulletin de vote du soldat dont l'âme était pareille à la leur.

» Aucune objection d'ordre public ou social ne peut nous être opposée. Tous les partis et toutes les classes de la nation acccomplissent leur devoir ; tous auront payé leur tribut à la mort ; en maintenant à ceux qui tombent pour la défense de la patrie leur droit de vote, nous évitons l'injustice sans ouvrir la porte à aucune surprise.

» En conséquence, nous demandons que la législation électorale soit modifiée de manière à donner satisfaction à la gratitude et à l'équité envers les familles décapitées et les régions décimées.

» Et laissant aux jurisconsultes le soin d'étudier les questions qui relèvent plus spécialement de leur compétence, nous réclamons le Suffrage des Morts. »

Ce livre est né de la confiance que me témoignent des inconnus, me communiquant chaque jour ce qu'ils admirent, ce qui les émeut et qu'ils croient bon à mettre sous les yeux du public et dans le cœur de la France. Je les prie de trouver ici l'expression de ma gratitude. Mais ce long travail ne pouvait pas s'achever avec les seules ressources qui me venaient naturellement. Pour équilibrer ces divers chapitres, il me fallut chercher des « textes » que mes correspondants spontanés ne me donnaient pas, et ces documents qui me vinrent de « familles » avec lesquelles je suis moins parent, je dus me préoccuper de les comprendre exactement dans *l'esprit où ils avaient été écrits. Les plus sûrs appuis s'offrirent de toutes parts. C'est ainsi qu'il m'est permis de remercier à la fois MM. Ferdinand Buisson, Charles Andler, Camille Jullian, Paul Desjardins, Samuel Rocheblave; les pasteurs Charles Wagner, John Vienot et un grand nombre de leurs collègues; Henri Brémond, dom Pastourel, dom Besse et le « Secrétariat de la documentation catholique ». Une telle liste de mes obligations n'est-elle pas encore un signe de l'union des esprits autour de nos soldats? Enfin, je ne dirai jamais assez ce que je dois à M. Joseph Bédier, l'éminent maître dont la science et la délicatesse m'aidaient à comprendre la réalité héroïque d'aujourd'hui comme la légende épique d'autrefois.*

TABLE DES MATIÈRES

TABLE DES MATIÈRES

Chapitres.		Pages.
I	Nos diversités disparaissent au 4 août 1914...	1
II	...Et réapparaissent à l'armée	9
III	Les Catholiques	19
IV	Les Protestants	51
V	Les Israélites	67
VI	Les Socialistes	95
VII	Les Traditionalistes	137
VIII	Catholiques, Protestants, Socialistes, tous, en défendant la France, défendent leur foi particulière	193
IX	Une nuit déjà légendaire (Noël 1914)	205

Chapitres.		Pages
X	Les soldats de vingt ans se dévouent pour que naisse une France plus belle	215
XI	Cette unanimité profonde, nous continuerons à la vivre	259
	Notes et appendice	269

OEUVRES DE MAURICE BARRÈS
Collection à 3 fr. 50 c.

LE CULTE DU MOI

* SOUS L'ŒIL DES BARBARES . . . . 1 vol.
** UN HOMME LIBRE . . . . —
*** LE JARDIN DE BÉRÉNICE . . . . —

LE ROMAN DE L'ÉNERGIE NATIONALE

* LES DÉRACINÉS . . . . 1 vol.
** L'APPEL AU SOLDAT . . . . —
*** LEURS FIGURES . . . . —

LES BASTIONS DE L'EST

* AU SERVICE DE L'ALLEMAGNE . . . . 1 vol.
** COLETTE BAUDOCHE, histoire d'une jeune fille de Metz . . —

L'AME FRANÇAISE ET LA GUERRE

* L'UNION SACRÉE (2 août-31 octobre 1914) . . . . . . 1 vol.
** LES SAINTS DE LA FRANCE (1ᵉʳ novembre 1914-1ᵉʳ janvier 1915) —
*** LA CROIX DE GUERRE (2 janvier-11 mars 1915) . . . . —
**** L'AMITIÉ DES TRANCHÉES (11 mars-9 mai 1915) . . . —
***** LES VOYAGES DE LORRAINE ET D'ARTOIS (9 mai-20 juin 1915). —
****** POUR LES MUTILÉS . . . . —

L'ENNEMI DES LOIS . . . . 1 vol.
DU SANG, DE LA VOLUPTÉ ET DE LA MORT . . . . —
AMORI ET DOLORI SACRUM (*La Mort de Venise*) . . . . —
LES AMITIÉS FRANÇAISES . . . . —
SCÈNES ET DOCTRINES DU NATIONALISME . . . . —
LE VOYAGE DE SPARTE . . . . —
GRECO OU LE SECRET DE TOLÈDE . . . . —
LA COLLINE INSPIRÉE . . . . —
HUIT JOURS CHEZ M. RENAN . . . . —
LA GRANDE PITIÉ DES ÉGLISES DE FRANCE . . . . —

LES TRAITS ÉTERNELS DE LA FRANCE . . . . Prix 1 fr. 25
ADIEU A MORÉAS. Une brochure . . . . Prix 1 fr. »
UN DISCOURS A METZ (15 août 1911). Une brochure . . Prix 1 fr. »
DANS LE CLOAQUE . . . . Prix 2 fr. »

IMPRIMERIE CHAIX, RUE BERGÈRE, 20, PARIS. — 844-1-17. — (Encre Lorilleux).

www.ingramcontent.com/pod-product-compliance
Lightning Source LLC
Chambersburg PA
CBHW071329150426
43191CB00007B/665